STUDIOS
TALMA

De la même auteure :
– *Ceux derrière ton épaule*, roman, avec Alexandre Kontorovitch.

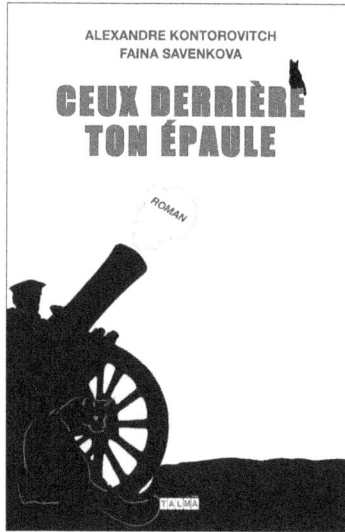

Photos de couverture et intérieures : Faina et Matveï Savenkov, Christelle Néant...

ISBN : 978-1-913191-23-8

Talma Studios International Ltd.
Clifton House, Fitzwilliam St Lower
Dublin 2 – Ireland
www.talmastudios.com
info@talmastudios.com

Faina Savenkova

DONBASS MON AMOUR,
DONBASS MA SOUFFRANCE

Textes traduits du russe par Christelle Néant

STUDIOS
TALMA

Introduction

« L'enfance dans la guerre,
c'est de l'enfance en moins. »
Un correspondant de guerre

« Je ne me souviens pas de ma vie avant la guerre. » Quelle déclaration terrible dans la bouche d'une adolescente ! C'est pourtant le titre de l'un des textes rédigés par Faina Savenkova, née le 31 octobre 2008 à Lougansk. Elle vient donc d'avoir 14 ans, mais en avait à peine plus de 5 lorsque le Donbass séparatiste fut attaqué par l'armée ukrainienne et ses bataillons néonazis, après le Maïdan de février 2014. Elle ne connaît donc que la guerre, qui dure depuis plus de huit ans et a fait au moins 14 000 victimes.

Bien peu en Occident avaient connaissance de cette tragédie, puisque les dirigeants politiques supposés garants de la paix et leurs médias ne parlaient toujours que des accords de Minsk et du Format Normandie, telle une cape d'invisibilité leur servant à masquer les atrocités du régime de Kiev soutenu par l'Otan.

Il a donc fallu attendre l'intervention russe en Ukraine pour que la porte s'entrouvre sur une réalité insupportable, qui revêt toutes les caractéristiques d'un génocide tel que défini par la Convention pour la prévention et la répression du crime de génocide, le premier traité sur les droits humains adopté par l'Assemblée générale des Nations Unies le 9 décembre 1948.

Pourtant, de courageux journalistes comme Christelle Néant, Anne-Laure Bonnel, Laurent Brayard, Xavier Moreau... ne cessent de dénoncer cette situation depuis des années et au péril de leur vie. En effet, trois d'entre eux sont listés sur l'horrible site ukrainien Mirotvorets. Vous savez probablement déjà ce dont il s'agit. Sinon, voici ce qu'en dit l'Ofpra[1] :

> Le Centre « Mirotvorets » [Pacificateur] est une plateforme collaborative en ligne (https://myrotvorets.center/), fondée en 2014, à l'initiative d'Anton Guerachenko, conseiller du ministre de l'Intérieur ukrainien Arsen Avakov. Créé avec le soutien de *hackers* issus du mouvement de combattants volontaires « Narodny Tyl » (Front National), il collabore avec le ministère de l'Intérieur, le Service de sécurité (SBU) et le Service des gardes-frontières ukrainiens, et est dirigé par Roman Zaitsev, membre du SBU.[2] […]

> 1. Une base de données collaborative recensant les « ennemis de l'Ukraine »
> L'objectif du centre Mirotvorets est de rendre public l'ensemble des données personnelles relatives aux « ennemis de l'Ukraine » qui, par leurs actions, portent « atteinte à la sécurité nationale de l'Ukraine, à la paix, à la sécurité humaine et au droit international ».[3]

Mirotvorets liste donc les ennemis de l'Ukraine à abattre... C'est ce qui est tragiquement arrivé à nombre d'entre eux après que leurs nom, coordonnées et photo aient été publiés sur ce site sans autre forme de procès, dont des journalistes, des leaders

---

1. L'Office français de protection des réfugiés et apatrides (Ofpra) est un établissement public administratif sous tutelle du ministère de l'Intérieur.
2. « Le SBU est responsable de la sûreté de l'État, de ses institutions et de ses représentants, il est également chargé du contre-espionnage, de la lutte contre le terrorisme, la contrebande et le commerce illégal de matériel militaire réglementé (armes, armes de destruction massive, etc.) ». Source : Wikipedia.
3. https://ofpra.gouv.fr/sites/default/files/atoms/files/1804_ukr_le_site_mitotvorets.pdf.

politiques et syndicaux, des avocats, et d'autres personnalités de la vie civile... Faina y figure aussi, depuis l'âge de 12 ans. À l'époque, elle en était la plus jeune « membre ». Que lui vaut ce sinistre honneur ? « Participation à des événements de propagande anti-ukrainienne ». Lesquels ? Elle en donne l'explication dans l'un des articles que vous lirez ci-dessous, vous pourrez donc juger par vous-même.

Il est édifiant de constater ce qu'est devenue l'Ukraine, mais n'est-ce pas ce qui semble se profiler aussi chez nous, par d'autres méthodes et moyens, progressivement, subrepticement ?

Pour terminer cette introduction, laissons la parole à Faina : « Un écrivain doit s'exprimer en temps de guerre. » C'est ce que nous lui avons proposé en recueillant ces textes à votre attention. C'est aussi montrer un autre visage de l'Ukraine. Merci à vous.

Patrick Pasin
Éditeur

20/05/2020

La vie continue

C'est bientôt le début des vacances, ce qui signifie qu'il est possible de se réveiller plus tard que d'habitude. Maintenant, la matinée commence généralement avec moi ou mon frère qui allons au magasin pour acheter des produits frais. Le plus proche est à environ dix minutes. À propos, il s'agit de ma rue natale portant le nom d'un célèbre commandant rouge interdit que j'ai écrit dans l'une de mes histoires, *Voyageurs*. Elle raconte l'histoire d'un garçon transportant des escargots sur la route.

Comme ma matinée commence presque à l'heure du déjeuner, tous les escargots se sont alors dispersés, mais, après la pluie, on peut encore les trouver en très grand nombre.

Je croise aussi un buisson de sureau en chemin. C'est une information complémentaire, au cas où quelqu'un aurait besoin d'une baguette de sureau en urgence. En fait, il y a un buisson de sureau dans mon jardin aussi, mais notre voisin le coupe chaque printemps, pensant que c'est l'engeance du diable. Il fait de son mieux, mais le buisson réapparaît chaque année, bouleversant le pauvre voisin avec ses nouvelles pousses vertes. Nous ne faisons plus attention. Qu'il la coupe, car elle repoussera. En tout cas, ses fleurs sentent très bon et je les aime beaucoup.

En chemin, je tombe sur une énorme clôture d'usine déformée. Je ne sais pas pourquoi elle n'a pas été remplacée, mais les trous laissés par les éclats d'obus sont toujours là. L'automne dernier, j'ai vu un faisan près de cette clôture. Je ne sais pas d'où il venait, mais il venait de quelque part. Et puis, avec difficulté, il a volé par-dessus la clôture et a disparu dans une direction inconnue. Un chat assis sur une branche était aussi surpris que moi.

Lougansk est une ville intéressante, il y a beaucoup à voir ici. Je pensais que la périphérie était le lieu où l'on ne peut pas attendre un taxi par mauvais temps parce que personne ne veut venir ici, mais non. Une banlieue, c'est quand tu rentres de l'école à pied et qu'une tortue croise ton chemin. Comme avec le faisan, je ne sais pas à qui elle a échappé, mais c'est arrivé. Ou quand vous attrapez des lézards dans l'herbe près de votre maison. Avec la queue, même. Et puis vous les laissez partir. Cela vous donne l'impression d'être un vrai chasseur de lézards. J'ai même vu un lièvre une fois. Probablement à cause de la guerre, les animaux occupent des endroits où ils avaient auparavant peur d'aller.

Et devant la maison se trouve la véritable fierté de la famille – notre réverbère électrique. C'est le nôtre parce que toute notre famille lui dit bonjour. C'est déjà une tradition ; je ne me souviens même pas qui l'a salué en premier. Non, je me souviens. Lui-même. Le réverbère avait des faux contacts ou quelque chose comme ça, et il clignotait à chaque fois que quelqu'un marchait ou conduisait devant lui. Nous pensions que c'était sa façon de dire bonjour. Bien sûr, personne ne l'a pris au sérieux, mais toute la famille a inventé des histoires à ce sujet, bien qu'aucune n'ait été conservée. Et puis il a été réparé et il est devenu comme tous ses frères réverbères. Mais je crois qu'il s'est simplement endormi et qu'il se réveillera un jour pour nous dire bonjour en clignant des yeux. Et de peur qu'il ne nous oublie, nous continuons à lui dire bonjour. Voilà l'histoire.

Je suis presque à la maison. La pluie bruine, les caravanes d'escargots s'agitent, et je leur fais signe. Je m'incline devant le vieux réverbère et franchis le seuil. Le confinement se termine lentement, et bientôt je vois des personnes souriantes dont le visage n'est pas caché par un masque médical. La vie continue, comme un buisson de sureau qu'on essaie de détruire, et il réapparaît, nous ravissant avec de nouvelles pousses.

Faina Savenkova

27/07/2020

De la victoire du rire des enfants sur la guerre

Faina Savenkova, une petite fille de 11 ans vivant en République populaire de Lougansk (RPL), a écrit un essai pour le 75e anniversaire de la victoire de l'URSS sur l'Allemagne nazie, sur la façon dont les enfants ont vécu la Grande Guerre patriotique[4], faisant un parallèle avec la façon dont les enfants du Donbass vivent le conflit actuel.

La guerre, ce sont des raids aériens, le grondement de l'artillerie et des chars, la canonnade des tirs… Elle a beaucoup de sons et beaucoup de visages. Elle se faufile et vous tombe dessus de toutes ses forces quand vous vous y attendez le moins. Et en se cachant, on compte les détonations. Une. Deux. Trois… Dieu, merci c'est tombé à côté. Et puis les armes se taisent. Et dans ce silence, on peut entendre un enfant pleurer. Un sanglot silencieux, comme le miaulement d'un chaton qui se plaint. Et puis les coups de feu recommencent, étouffant tout… C'est pour cela que les enfants de la guerre se taisent. Ils savent que leurs pleurs ne seront pas entendus.

L'été 1941 fut très chaud. Sous le soleil brûlant, les champs et les cours d'eau étaient brûlants, et les nuits étaient encore froides et sombres. Le pays vivait. Personne ne s'attendait à ce que le malheur frappe à la porte. Les gens, bien sûr, comprenaient

---

4. NdÉ : Le nom de la Seconde Guerre mondiale en russe, qui se termine le 9 mai (le 8 mai chez nous).

que la guerre pourrait commencer bientôt, mais ils essayaient de croire au meilleur, au bien. Comme nous l'avons fait en 2014.

Vassily, un de mes arrière-grands-pères, avait 17 ans en 1941. Il allait entrer à l'institut et, s'étant accordé un an, il posa sa candidature. Mais ses rêves n'étaient pas destinés à se réaliser. La guerre était arrivée. Il n'y avait plus de temps pour l'institut. La guerre peut faire beaucoup de choses. Broyer beaucoup de gens sous ses meules, apporter la destruction et la famine. Elle peut changer le destin de toute une génération, en laissant des traces et des cicatrices dans sa mémoire. Toutefois, si vous y résistez, la guerre bat lentement en retraite. Et nous nous souvenons de nos héros et combien cette victoire fut difficile.

Est-ce beaucoup ou peu d'années prises à une vie paisible ? Pour toute la population, le 22 juin est devenu une date qui a changé la vie en « avant » et « après ». Pendant toutes ces longues et douloureuses années, mes grands-pères et mes proches se sont battus pour la victoire et la vie. La guerre les mettait à l'épreuve, durcissait leur caractère et leur donnait une personnalité. Et je suis fière qu'aucun d'entre eux ne soit devenu un traître ou un policier au service des Nazis.

Mon arrière-grand-père Vassily était artilleur. Il sortit blessé de l'encerclement, comme beaucoup de soldats à l'époque. Il aurait pu abandonner, mais il se battit pour revenir parmi les siens. Après sa commotion, il retourna au front, s'enfuyant de l'hôpital, parce qu'il comprenait qu'il protégeait sa patrie, sa terre. Il ne pouvait faire autrement. Le pays tout entier n'aurait pu faire autrement. Pendant cette période, sa mère reçut trois avis de décès pour lui et je ne peux pas même imaginer ce qu'elle ressentit à chaque fois. Néanmoins, plus tard, il contribua à libérer Prague et servit jusqu'en 1949.

L'autre arrière-grand-père et les deux arrière-grands-mères étaient trop jeunes, alors ils restèrent. Néanmoins, on ne sait toujours pas où était le plus difficile : au front ou à la maison, où ils travaillaient comme les adultes, mettant les mains dans le sang et travaillant dur. « Tout pour le front ! Tout pour la victoire ! » Pour eux, ce n'était pas des mots vides de sens, donc personne ne se plaignait. Et chacun fit ce qu'il put. Parce qu'ils croyaient en leur bon droit, en la nécessité de la victoire sur le fascisme pour l'avenir du monde.

Certains avançaient vers la victoire sur le front, d'autres à l'arrière. La seule chose qui n'a pas changé, c'est que les enfants de la guerre ont grandi trop vite et trop tôt. Il suffit de se souvenir de l'exploit de notre Jeune Garde ou des garçons qui sont devenus les fils du régiment. Peu importe ce qu'ils étaient tous, ils cessèrent d'être des enfants, mais ils rêvaient toujours de sucreries et de jours d'insouciance. Et ils devinrent le pilier invisible de cette victoire.

J'ai maintenant 11 ans. Je vis à Lougansk et je sais ce que sont l'artillerie et les raids aériens. La moitié de ma vie, c'est la guerre. Je ne sais pas ce que des enfants comme moi ressentirent en cette difficile et terrible année 1941, mais il me semble que c'est comme tout ce que les enfants de Lougansk et de Donetsk vivent actuellement. Parfois, j'ai vraiment envie d'écrire une lettre à mes semblables de 1941. Leur adresser des mots de soutien, mais je me souviens ensuite de leur mode de vie, et je comprends que leur résistance et leur altruisme peuvent être enviés par tous.

La vie des enfants de la guerre n'est pas une histoire de désespoir, mais d'espoir, même si elle est pleine de tragédies. Ce que nous ne savons pas aujourd'hui de ce qui nous attend demain et si nous l'aurons – c'est « demain », mais nous avançons avec confiance. Nous ne sommes pas brisés et nous ne faisons que nous renforcer chaque jour, parce que la force de l'esprit est dans notre sang.

Quand je viens sur les tombes de mes arrière-grands-pères et que je pense à eux, je sais que je vais continuer leur périple, car nous avons marché et nous marchons dans la même direction. Et je sais exactement comme eux que la guerre finira tôt ou tard, et que nous créerons un nouvel avenir. Avec le souvenir de la guerre, mais avec la foi dans la paix. Un avenir dans lequel la prière des enfants pour la paix et leurs rires seront entendus en silence. Car lorsque les rires des enfants se font entendre, la guerre bat en retraite.

Faina Savenkova

Le silence des adultes – La guerre du Donbass racontée par une enfant

À travers son deuxième essai, *Le Silence des adultes*, Faina Savenkova, une petite fille de 11 ans vivant en République populaire de Lougansk (RPL), nous donne à voir et à percevoir la guerre du Donbass à travers les yeux d'une enfant subissant ce conflit qui semble interminable.

Tout le monde sait que toute guerre a toujours un début et une fin, même si les dates officielles ne restent souvent que des chiffres froids et indifférents dans la mémoire de ceux qui ont participé aux événements.

Quand la guerre du Donbass a-t-elle commencé pour chacun d'entre nous ? Peu importe le nombre de fois que je pose la question aux gens qui m'entourent, chacun aura une réponse différente. En 2014, de nombreux événements devinrent la ligne de séparation pour chacun.

Je crois en l'humanité. Je veux y croire. Mes parents aussi. Nous ne vivons pas dans un monde fictif, non. C'est juste qu'il y a une différence entre ce que nous voyons et ce que nous voulons. Et mes proches voulaient croire que ce qui se passait était un accident monstrueux. Les gens ne peuvent pas être aussi cruels et impitoyables ? Si, ils le peuvent. Et nous le savons, en espérant toujours que les gens puissent reprendre leurs esprits. Sinon, pourquoi vivre ? Juste un espoir naïf qui ne justifie en rien les crimes.

Je ne sais pas. Je suppose que c'était juste une croyance, que cela ne peut pas arriver dans notre pays, à notre époque. Tout semblait être une sorte de rêve cauchemardesque stupide. Cela ne pouvait pas se passer comme ça. Il ne devrait pas être possible qu'une armée détruise son propre peuple. Pourtant, cela arrive quand même.

Je pense que la vraie compréhension du fait que la guerre a commencé vient quand on s'habitue à la mort. C'est là que tout commence pour l'individu, et pas seulement pour l'État.

Pour moi, cette date est le 2 juin 2014. Je me souviens que c'était un lundi et que mon frère et moi étions malades et devions aller chez le médecin. La vie quotidienne est rythmée par les minutes, même si nous ne le remarquons pas : il faut tant de minutes pour se rendre à l'arrêt de bus, le trajet prendra tant de temps... Horaires des bus, horaires des pédiatres, temps d'attente approximatif dans la file d'attente… L'angine est bien sûr désagréable, mais pas mortelle, et si vous mettez un masque, vous pouvez aussi aller à la bibliothèque pour prendre des livres qui sont sur la liste de l'école pour la lecture d'été.

Des plans qui peuvent changer selon les circonstances. Les nôtres changèrent parce que mon frère aîné avait peur. Ce jour-là, le médecin n'avait que moi, et j'étais trop paresseuse pour aller à la bibliothèque chercher des livres, que je ne pouvais pas même lire, sauf pour regarder des photos. Si mon frère n'avait pas eu peur ou si ma mère n'avait pas prêté attention à ses angoisses, nous aurions été près de la place même où eut lieu la frappe aérienne sur le bâtiment de l'administration régionale de Lougansk. Et je comprends que, peut-être, maman et moi ne sommes en vie que grâce à mon frère Matveï.

Je me souviens avoir pleuré à cause du terrible grondement qui secoua toute la ville. Je me souviens qu'il n'y avait pas de connexion téléphonique mobile et que nous ne pouvions pas joindre ma grand-mère, qui travaillait au théâtre en face du lieu de la tragédie. Je me souviens aussi que mon professeur nous raconta les événements du 2 juin. Derrière le bâtiment administratif, il y a une école maternelle et, ce jour-là, après le bombardement, les enseignants se tenaient sur le seuil et accueillirent les mères aveuglées par les larmes avec une seule phrase : « Ils sont tous vivants ! » Elles n'avaient besoin de rien d'autre.

La guerre, c'est quand le monde célèbre la Journée de la protection de l'enfance le 1er juin, mais, déjà le 2 juin, le mot le plus important, le plus indispensable à entendre pour les parents, est simple et court : « Vivant ».

Et une semaine plus tard, le premier enfant meurt sous les tirs d'artillerie. Polina Solodkaya, de Slaviansk. Elle avait six ans, le même âge que moi. Elle aurait pu être médecin, professeure ou artiste. Tout ce qu'elle voulait être. Mais elle sera pour toujours la première sur la liste des enfants tués, victimes de cette guerre. Le plus effrayant dans tout cela, c'est le mot « liste ». Et elle s'allonge constamment. C'est une vérité désagréable, mais on ne peut l'oublier. Et cela ne marcherait pas, même si je le voulais.

À Lougansk, un mémorial est dédié aux enfants morts à cause des bombardements. Il y en a également un à Donetsk. Debout face à lui, les adultes ne trouvent toujours pas de mots et sont silencieux, les yeux baissés. Il n'y a vraiment rien à dire. Le monde célèbre la Journée de la protection de l'Enfance, mais il ne peut pas nous protéger.

J'ai écrit un jour que les enfants de la guerre sont silencieux parce que les adultes ne peuvent pas les entendre. Pour l'instant, c'est ainsi. Mais je crois que les choses vont changer. Un jour, nous aussi verrons revenir la paix sur nos terres. Nous, les enfants qui avons survécu à la guerre, nous allons grandir. Et nous essaierons de mettre fin à toute cette horreur en faisant ce que les adultes ne pouvaient pas faire pour que la Journée de la protection de l'Enfance ne soit pas qu'une simple date, mais se transforme en une véritable fête.

Faina Savenkova

À l'âge de 8 ans

« Je ne me souviens pas de ma vie avant la guerre »

Ayant publié la traduction des deux textes de Faina sur les enfants et la guerre – *De la victoire du rire des enfants sur la guerre* et *Le silence des adultes* –, tant de talent à un si jeune âge (11 ans) m'ont donné envie de réaliser son interview, dont voici la traduction en français.

Christelle Néant / Donbass Insider

Bonjour, Faina, peux-tu te présenter, donner ton âge, où tu vis et ce que tu fais en dehors de l'école ?
Bonjour. Je m'appelle Faina Savenkova. Je vais avoir 12 ans et j'entre en sixième année à l'école de physique et de mathématiques de Lougansk, en République populaire de Lougansk. Je fais de la littérature et du sport depuis deux ans, plus précisément du taekwondo.

Certains de tes essais sur les enfants et la guerre ont déjà été traduits en plusieurs langues, dont le français. Mais ce ne sont pas tes seuls textes, tu écris aussi des pièces de théâtre et des contes de fées. Certaines personnes en Occident s'étonnent qu'une si jeune fille puisse déjà écrire de si beaux textes. Quand as-tu commencé à écrire, quels ont été tes premiers textes et quelles étaient tes motivations pour commencer à écrire ? Tes parents écrivent-ils eux-aussi ?

Merci, mais je ne dirais pas que je suis [un écrivain – note de la traductrice], mais plutôt que j'apprends encore. C'est pourquoi j'écris tant de choses différentes. Je veux savoir ce qui est le plus proche de moi et ce qui me plaît le plus. De manière générale, tout a commencé de manière assez banale quand j'ai appris que mon écrivain pour enfants préféré, Andreï Oussatchev, venait à Lougansk. La Bibliothèque des enfants a annoncé un concours de création, dont le gagnant serait désigné personnellement par Andreï Alexeïevitch.[5] Je voulais vraiment le rencontrer, alors j'ai écrit une nouvelle. Il était décidé que les concurrents seraient, de toute façon, invités à une rencontre. Il se trouve que j'ai gagné dans l'une des catégories, et mon rêve de rencontrer mon écrivain préféré s'est réalisé. Bien qu'il semble maintenant que l'histoire était très « maladroite » et assez simple, j'ai décidé de continuer à écrire, parce que cela devenait intéressant d'inventer de nouveaux mondes, de nouveaux personnages, pour essayer de comprendre qui ils sont et quelle est leur histoire.

Mes parents n'écrivent pas eux-mêmes, mais ils me soutiennent toujours.

Lis-tu beaucoup et, si oui, quels livres ? As-tu une bibliothèque à la maison ?
Oui, j'essaie de lire beaucoup. Aujourd'hui, il s'agit surtout de livres pour enfants et adolescents, d'auteurs russes et étrangers. Parmi mes auteurs préférés figurent Kir Boulitchev, Tatiana Levanova, Roald Dahl. Maintenant, je lis des livres pour enfants de Sergueï Loukianenko et de Sergueï Volkov. Malgré le fait qu'il y ait une petite bibliothèque à la maison, je me rends souvent à la bibliothèque pour enfants. On y trouve des publications

---

5. NdÉ : En russe est utilisé, après le prénom de naissance, le patronyme, c'est-à-dire le prénom du père ; il s'agit donc bien du même auteur.

intéressantes. Par exemple, j'ai beaucoup aimé *La Chasse au Snark*, avec des illustrations de Mervyn Peake. En général, les illustrations dans les livres sont très importantes pour moi. J'aime beaucoup les œuvres de Rebecca Dautremer et Benjamin Lacombe pour *Alice au pays des merveilles*, de Vladislav Erko pour *La Reine des neiges* et des *Contes de l'Albion brumeuse*. Et il n'y a pas si longtemps, j'ai fait la connaissance de Tatiana Glouchtchenko, dont j'aime beaucoup les aquarelles.

Dans l'un de tes essais sur les enfants et la guerre, tu établis un parallèle entre les enfants qui vivent actuellement dans le Donbass et ceux qui vécurent pendant la Grande Guerre patriotique. Penses-tu que ces deux guerres ont touché les enfants de la même manière ou qu'il y a des différences dans la façon dont ils les vivent ?

Les guerres touchent toujours les enfants de la même manière, où qu'ils vivent et quelle que soit l'époque. Cependant, il y a toujours une différence, car les temps changent et les enfants eux-mêmes sont légèrement différents. Mais il me semble qu'il ne s'agit pas de savoir si nous avons l'électricité ou si nous pouvons aller à l'école maintenant, mais plutôt de savoir comment nous allons grandir à travers la guerre.

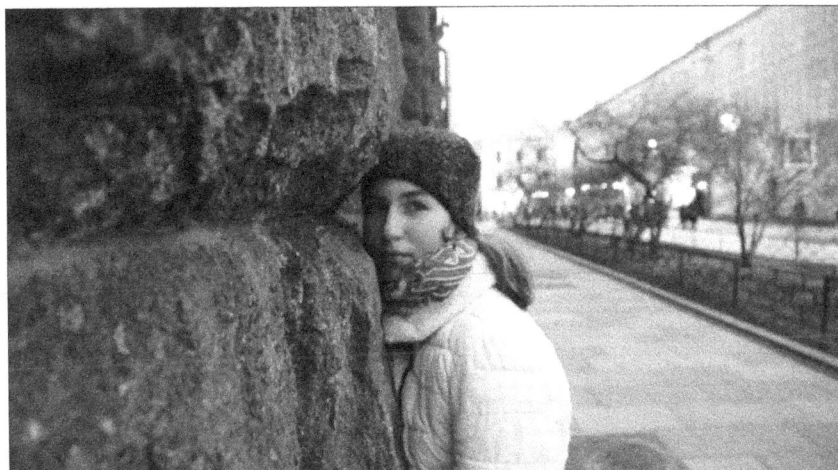

Comment la guerre t'a-t-elle affectée personnellement ? Quel genre de choses faisais-tu avant que tu ne fais plus à cause de la guerre ? Comment ta façon de penser, ta vision du monde ont-elles changé ? Dirais-tu que tu as vieilli plus vite à cause de la guerre ? Y a-t-il une façon de penser, ou une vision du monde que tu avais avant la guerre, que tu regrettes d'avoir perdue ?

J'ai du mal à répondre à cette question. Je ne me souviens pas de grand-chose de ma vie d'avant la guerre, donc je ne peux rien regretter ni parler de changements, parce que je n'avais que cinq ans à l'époque, et je ne savais pas ou ne comprenais pas grand-chose. Il est probablement plus facile de dire comment la vie va changer après la guerre. C'est comme le couvre-feu. Quand il n'y en avait pas et qu'on pouvait se promener la nuit, je dormais paisiblement dans mon lit. Maintenant, je ne sais pas ce qu'est vivre sans lui. Lorsque notre équipe sportive rentre à la maison après une compétition, le conducteur essaie de respecter le couvre-feu, sinon nous devons attendre le matin.

Tes textes sur les enfants et la guerre sont tristes, mais pleins d'espoir. Comment ne pas perdre espoir dans cette guerre qui dure depuis plus de six ans ? Que voudrais-tu dire aux enfants et aux adultes du Donbass qui ont perdu espoir ?

Je pense que cela nécessite le soutien d'un être cher. Lorsque vous savez qu'il y a quelqu'un près de vous qui vous aime et vous comprend, il est plus facile de surmonter tous ses problèmes. Je ne suis donc pas sûre qu'il y ait quelque chose à dire. C'est plutôt s'approcher, prendre dans les bras et dire : « Ça va aller. Je suis avec toi, même si nous sommes si différents. Tu n'es pas seul », ou « Tu n'es pas seule. »

Dans ton deuxième essai sur les enfants et la guerre, tu conclus que les enfants qui vivent actuellement la guerre du Donbass essayeront de faire, en devenant adultes, ce que les adultes qui vivent également cette guerre ne peuvent pas faire maintenant. Penses-tu que les enfants qui ont survécu à la guerre peuvent faire mieux, mieux comprendre ou enseigner aux adultes, même ceux qui ont aussi vécu la guerre ?

Bien sûr. Lorsqu'il y a quelque chose à atteindre, on peut réaliser sinon tout, du moins beaucoup. Tout est entre les mains de ceux qui veulent changer leur vie, car il faut toujours commencer par soi-même.

Quel genre de message veux-tu faire passer aux autres par tes textes, et le message diffère-t-il selon le type de texte que tu écris ?

Le principal message que je veux faire passer est que nous sommes tous des êtres humains, les habitants d'une même planète. Et nous devons chercher ce qui est commun, et non ce qui nous sépare. Pour ce faire, nous devons apprendre à écouter et à nous entendre non seulement nous-mêmes, mais aussi les autres. Bien que dans les contes de fées, j'aborde parfois des sujets plus personnels.

En Europe, de nombreuses personnes soutiennent l'Ukraine et pensent que cette guerre est causée par l'agression russe, que la Russie a envahi le Donbass, etc. Que voudrais-tu dire à ces personnes ?

Vous savez, je vais à l'école de physique et de mathématiques, et on nous apprend à essayer de raisonner de manière logique.

Si l'on imagine que la guerre actuelle est causée par l'agression russe, alors pourquoi les habitants du Donbass ont-ils accepté si facilement cette agression et la défendent-ils de manière si désintéressée ? Pourquoi parlons-nous la langue de l'agresseur dès notre naissance, la considérant comme notre langue natale ? Pourquoi, s'il s'agit d'une agression russe, des enfants meurent-ils à Donetsk et à Lougansk ? Comment protéger ceux qui tuent ta famille ? Il y a de nombreuses questions auxquelles chacun doit répondre pour lui-même. Malheureusement, l'opinion de ceux qui vivent en RPD-RPL n'est pas souvent connue en Europe, ils soutiennent donc principalement l'Ukraine. Je voudrais donc dire aux Européens qu'ils doivent tenir compte des paroles et des actes des deux parties au conflit afin de se faire leur propre opinion.

22/09/2020

Les « Étoiles au-dessus du Donbass » montreront le chemin vers notre terre bien-aimée

Ainsi s'est terminé le festival de fiction Étoiles au-dessus du Donbass, où je me suis rendue pour la deuxième fois. Je voudrais tout d'abord remercier la Chambre civique de la RPD (République populaire de Donetsk), qui a organisé ce festival et m'a invitée, et la Chambre civique de la RPL (République populaire de Lougansk), grâce à laquelle il a été possible de venir. Cela n'aurait pas fonctionné sans leur aide.

Malgré la menace du coronavirus, tout était beaucoup plus grand et plus intense, il n'était donc pas possible de se reposer, ce dont je me réjouis. J'ai eu plusieurs rencontres avec des élèves des écoles de Donetsk et de Makeyevka. Je dois dire que ces réunions ne sont pas un événement de devoir ordinaire, mais une communication vraiment intéressante et une tentative d'apprendre quelque chose les uns des autres. Oui, oui, c'est vrai. Si quelqu'un pense que je suis une adulte qui sait tout, il se trompe. En fait, j'ai très peur de donner des interviews et d'apparaître en public. Voilà. Donc les personnes qui avaient besoin d'une réponse sont devenues mes professeurs, pas mes auditeurs. Je tiens à les remercier et à leur souhaiter un succès créatif et la foi en leur propre force. Tout ira bien, à coup sûr !

Nous avons également réussi à rendre visite à la créatrice de mode de Donetsk, Svetlana Topalova, et à percer son mystère, en admirant de près sa nouvelle collection *Iris*. Maintenant, j'attends avec impatience la fin de la pandémie, pour que le monde entier puisse partager mes sentiments, en appréciant ces robes douces et délicates, car ce n'est pas sans raison que la collection porte le nom d'une fleur.

Et avec l'artiste et participante au festival Maria Volkova et la chanteuse d'opéra Anna Bratous, nous avons visité le musée d'art. Si quelqu'un ne le sait pas encore, le musée de Donetsk expose des œuvres de nombreux artistes célèbres, le plaisir de la visite est donc garanti. Au fait, dans l'une des salles, il y a une exposition consacrée à la Grande Guerre patriotique, à voir absolument. Parce que vous ne pouvez pas l'oublier. Jamais.

C'est la façon dont le festival s'est déroulé pour moi, et le programme Étoiles... était rempli de conférences, d'ateliers, de lectures et de rencontres avec ses auteurs préférés. Chacun pouvait trouver pour lui-même exactement ce qui l'intéresse : apprendre quelque chose d'utile, apprendre quelque chose de nouveau ou simplement obtenir un autographe. Un autographe – ce peut être aussi un petit rêve et le premier pas vers l'Olympe littéraire.

En fait, je pense que si ce festival n'existait pas, il faudrait l'inventer. Non seulement parce qu'il est conçu pour développer chez les enfants l'amour de la lecture et la créativité, mais, surtout, il doit exister pour montrer le vrai Donbass au monde. Ses larmes, lorsque l'écrivain Marinella Mondaini écouta l'histoire de l'action annuelle *Anges du Donbass*, au cours de laquelle des lampes avec des bougies allumées s'élèvent pour « illuminer le ciel du soir dans lequel se trouvent les enfants qui sont partis », comme cela fut expliqué aux enfants. Alexandre Peterson et Mikhaïl Bachakov leur ont fait part d'un plaisir sincère lorsqu'ils m'ont raconté leur descente dans une vraie mine. Silence lugubre devant le monument aux morts de cette guerre et le bruit joyeux du boulevard Pouchkine à Donetsk. Et, bien sûr, un remerciement amical de la part des participants du festival pour être entrés dans la base de données du site Mirotvorets. C'est tout, c'est notre Mère Patrie si différente, qui se bat pour son existence.

Je veux que tout le monde sache que le Donbass est vivant. Le Donbass vivra. Et il continuera à illuminer le cœur de ses habitants et de ses invités. Et les Étoiles au-dessus du Donbass, telles l'étoile polaire, montreront le chemin vers notre terre bien-aimée.

Faina Savenkova

05/10/2020

Chasse au Snark

C'est notre plus jeune chat. Son nom, comme vous pouvez facilement le deviner, est Snark. Il est beau et majestueux maintenant. Lorsque cette histoire se produisit, il était un petit chaton, qui survécut grâce à notre mère, contrairement à ses frères et sœurs, qui eurent moins de chance. Un autre chaton semble avoir survécu, mais il est difficile de le vérifier maintenant.

En 2014, quand la guerre éclata, on pouvait trouver un teckel et un chien de berger ou un chien errant qui couraient ensemble dans notre quartier. Les chats couraient partout en masse. Lorsque les bombardements commencèrent, les propriétaires laissèrent tout simplement leurs animaux dans la rue, livrés à eux-mêmes. Je ne veux pas juger qui que ce soit. Après tout, aujourd'hui vous vivez et profitez de la vie et demain vous devrez choisir : votre vie ou celle de votre petit compagnon. Cela dit, je n'oublierai jamais les larmes de Barmaglot lorsque nous l'avons emmené chez le vétérinaire pour son premier contrôle. Ce vieux chat est arrivé chez nous en novembre 2014. Sa plus grande crainte était d'être à nouveau abandonné. Un chat qui n'avait pas du tout besoin d'une cage de transport. Il apprécia sa promenade une fois qu'il réalisa qu'il ne serait pas trahi. Il regardait par la fenêtre du minibus avec intérêt s'il devait aller quelque part, mais ne s'échappait jamais et ne voulait pas s'enfuir. L'essentiel était de le garder dans vos bras, près de votre cœur. Mais il eut peur du tonnerre pour le reste de sa vie. Je ne veux pas comparer l'importance de la vie, mais je pense qu'il devrait y avoir un monument pour les animaux tués dans cette guerre, aussi. Pas maintenant, bien sûr. Plus tard, bien sûr. Mais il le faudrait. Après tout, ils sont tout autant des victimes sans défense. Et leur vie dépend entièrement de nous, sauf que les animaux ne peuvent pas nous le dire eux-mêmes.

Revenons à Snark. C'était au printemps 2017. Je participais à un concours en Russie, et c'est mon frère qui me raconta l'histoire de la femme au sac qui miaule. Les chatons étaient nourris et soignés, mais, pour une raison quelconque, ils ne pouvaient être placés entre de bonnes mains. Les anciens propriétaires pensaient que les chatons installés près de l'hôpital pour enfants seraient rapidement dispersés pour le plus grand bonheur des enfants et des chatons. Mais ils ne prirent pas en compte le fait que les chiens errants couraient toujours. En résumé… Eh bien, ça ne pouvait pas se finir autrement.

Quand maman rencontra cette femme, les chatons étaient encore dans le sac. Et bien qu'on nous ait souvent proposé des chatons après la mort de Barmaglot, elle refusa. Parce qu'elle attendait le retour de son animal. Mais ce n'était qu'une impulsion momentanée et, déjà, du sac sortait le premier morceau de fourrure sifflant et furieux. Noir, avec les mêmes taches blanches sous les aisselles et sur le ventre que Barma-glot. Personne ne l'a choisi, il s'est « choisi » lui-même, mais le nom fut regretté plus d'une fois. Surtout par papa. Lewis Carroll, si je me souviens bien, lorsqu'on lui demanda qui était Snark, répondit qu'il préférait ce nom, comme si Snark était une allégorie de la poursuite d'un bonheur toujours insaisissable. Bref, en le ramenant à la maison, papa et mon frère perdirent le chaton. Dans notre propre maison avec les portes, les fenêtres et tout ce qui peut être fermé. La famille chercha pendant des heures en vain dans tous les coins sombres et moins sombres, allant jusqu'à déplacer et examiner les meubles. Et lorsque ma mère, calme comme un boa constrictor, faillit… ahem… torturer mon père avec la question : « Où l'as-tu mis (n'importe quel mot tendre) ? », le chaton sortit à contrecœur de sa cachette, bailla et, se redressant sur ses courtes pattes, se dandina vers le bol. À ce jour, personne ne sait où il réussit à se cacher.

C'était il y a quelques années. Snark a mûri, il protège maintenant son territoire des invités occasionnels et il est encore capable de se cacher, n'apparaissant que lorsqu'il le souhaite. Il n'aime toujours pas les étrangers ou les perturbations de son sommeil. Il est un enfer si son sommeil est perturbé. Je le comprends.

Quel est le but de tout cela ? C'est ainsi que j'ai appris que la guerre est le moyen le plus rapide d'apprendre à être responsable de ceux que nous avons apprivoisés. C'est pourquoi je suis sûre de sauver non seulement ma propre vie, mais aussi celle de ceux qui m'ont fait confiance. Même si la personne de confiance est un museau moustachu, en colère et mécontent, qui pense être le maître du monde.

Faina Savenkova

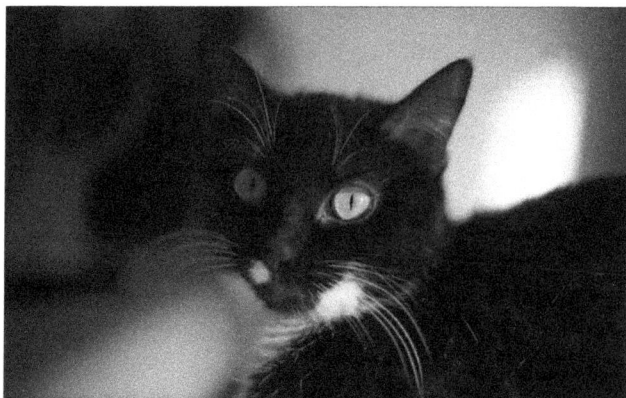

03/11/2020

Le Donbass est mon amour,
le Donbass est ma souffrance

J'ai rencontré un escargot la nuit dernière alors que je marchais à nouveau dans la ville froide et automnale. Il rampait sur le bord de la route pour faire ses affaires. Il n'y aurait probablement rien eu là de surprenant s'il n'y avait eu un « mais » : hier, c'était le 30 octobre. Et le fait est qu'il pleuvait le matin et que le sol n'était pas encore sec. Il pleut. Pour la première fois de tout l'été et la dernière partie de l'automne. La première pluie chaude tant attendue.

Où veux-je en venir ? Au fait que non seulement les gens souffrent de la guerre, mais aussi tout l'écosystème (oui, je connais ces mots intelligents). Je me souviens de cette étrange et effrayante neige orange de sable, que j'ai vue pour la première fois de ma vie l'avant-dernier hiver. Ou les rivières qui se sont asséchées cet été. Je regardais avec beaucoup d'intérêt comment les canards et les serpents d'eau nageaient dans l'Olkhovka, et les grenouilles, se cachant dans la boue, ne se rappelaient à moi que par leur coassement bruyant. Il n'y a rien à dire sur les poissons. Or, cet été, je ne me souviens même pas que l'on entendait souvent des accouplements nocturnes de grenouilles, à cause desquels il est parfois impossible de dormir.

Ou encore le flamboiement du début de l'automne dans le Donbass, où les feux se propagent à une vitesse fulgurante en raison du vent fort et de l'herbe sèche. Le feu détruit impitoyablement tout sur son passage et ne laisse que la terre morte brûlée. Si l'on se souvient des personnes touchées, qui se souvient des animaux et des plantes morts dans l'incendie ? Et du fait que les arbres brûlés ne sont pas quelque chose de rare à l'échelle de la planète ? Ils étaient vitaux pour ma patrie au climat chaud et sec insupportable.

Il n'y a presque plus de forêts, car elles ont été impitoyablement coupées sans penser à l'avenir, alors les feux « aident » à transformer mon Donbass bien-aimé en un désert sans vie. Et tous les rongeurs, lièvres ou serpents dans les steppes ? Que devraient-ils faire ? Où peuvent-ils échapper aux flammes qui les entourent de tous côtés ? Ce ne sont pas des salamandres ou des phénix, ce sont de simples habitants des steppes, et le feu, comme l'homme, n'a pitié de personne et de rien.

Je crains surtout qu'un immense désert sans fin n'apparaisse à la place des premières fleurs du Donbass. Et pourquoi pas ? Il y a assez de sable. Ce qu'on appelle les villes en sont couvertes et Lougansk n'est pas la seule à en avoir. La température au début du mois de novembre, à en juger par les prévisions météorologiques, sera d'environ +15 °C. Y a-t-il quelque part des gens qui portent des manteaux et des chapeaux cet automne ? J'ai bien peur que cela ne soit pas le cas dans notre ville. Et c'est très triste.

Blessé par la guerre, le Donbass n'est pas seulement une question d'hommes, il concerne notre planète elle-même, même s'il n'en constitue qu'une infime partie. Serons-nous en mesure de la protéger ? Et combien de temps serons-nous hantés par l'écho de la guerre ? Je ne parle pas seulement des obus non-explosés qui mutilent les gens, mais aussi de l'impact sur la nature. Nous avons trop perdu pour être indifférents.

Je ne peux pas répondre à la question de savoir si l'humanité peut retrouver ses esprits et arrêter le mal. Alors, pour l'instant, je me contente de remettre ma capuche en place et de suivre un escargot qui rampe à côté de moi, en espérant toujours un miracle. Bien que cela devienne de plus en plus difficile à chaque fois que je le fais.

Faina Savenkova

23/12/2020

Lougansk a toujours été une ville de musique rock et de musiciens talentueux

Lougansk a toujours été une ville de musique rock et de musiciens talentueux. C'est ce que ma mère et mon père m'ont dit. Et je ne peux pas ne pas croire mes parents. Les adultes partagent rarement leurs histoires du passé.

Mon histoire commença l'année dernière. Un jour, des amis m'invitèrent à lire *La Glycine*. Nous nous tenions à l'extérieur du Coffee Life. Papa parlait à quelqu'un, et je répétais le texte en écoutant de la musique. Je suis facilement perdue lorsqu'il y a beaucoup de monde, mais j'essaie de lutter contre cela.

Alors que je me murmurais un texte, un jeune homme s'approcha de moi et, en souriant, me demanda : « Qu'écoutes-tu ? Oxxxymiron ? »

Je connais Miron et j'échange parfois des messages avec lui, mais ce n'est pas mon style de musique. « Non, ce n'est pas lui, c'est notre groupe de Lougansk, TIF », ai-je répondu.

Il y eut un blanc. Le garçon commença à s'excuser, dire qu'il venait de Gorlovka et était venu jouer lors d'un concert. « Qui est-ce ? », demanda-t-il alors.

J'étais très nerveuse ce jour-là, mais je montai quand même sur scène. Une année s'écoula. Le garçon de Gorlovka devint mon ami et maintenant il écoute le groupe TIF. Peut-être que je suis utile, parfois.

À cette époque, je pouvais à peine imaginer que je communiquerais avec Svetlana Kanevskaya, Natalia Baranovskaya, et que Senia Sedachov et Anna Dolgaya s'assiéraient chez moi, boiraient du thé aromatisé et mangeraient une pizza ratée, que Vitaly Vedov et sa fille Aricha chanteraient *Le Petit Cheval* avec moi, et que des rires et mes chansons préférées résonneraient dans la maison.

J'ai aussi découvert que Senia est appelé le « père du rock de Lougansk », je ne sais pas si c'est pour rire ou pour de vrai. Je pense que c'est vrai, après tout. Ma mère et sa génération ont grandi sur ses chansons et, maintenant, nous, les enfants de ceux qui s'éclataient aux concerts de TIF, nous écoutons la même musique.

Voici un petit conseil divertissant de ma mère sur la façon d'identifier un habitant de Lougansk dans l'immensité de l'univers : le nom du groupe TIF se décline de toutes les façons possibles [en Russe, même les noms propres se déclinent – note de la traductrice] uniquement dans la bouche des habitants de notre ville ; pour les autres, c'est seulement TIF.

Senia Sedachov, Svetlana Kanevskaya, Sergueï Garbouz « Gorynych », Venichka, Vitaly Vedov et bien d'autres – ce ne sont pas seulement des musiciens, ce sont des gens brillants qui font de Lougansk ce qu'elle est : notre ville natale, très différente et si aimée.

Faina Savenkova

35

29/12/2021

RPL – Le théâtre Louspekayev est un phénix renaissant qui réchauffe nos âmes

Chacun a eu une enfance différente : certains au cinéma, d'autres au cirque ou dans les parcs d'attraction, et d'autres encore, en été, vivaient pratiquement dans le lac le plus proche, imitant les sirènes et les génies des eaux. J'ai, pour ma part, de l'amour pour le théâtre, dans ce monde magique, où les contes de fées se réalisent.

Et je suis heureuse de pouvoir non seulement l'aimer, mais aussi écrire des pièces, même si je n'en suis encore qu'au début. C'est pourquoi le théâtre dramatique russe Louspekayev est devenu ma deuxième maison, où je peux à la fois éprouver du chagrin et jouer.

On peut vivre sans bonbons ni cadeaux, mais peut-on vivre sans miracles ? À peine. Et maintenant, Louspekayev crée de tels miracles et donne vie à des histoires familières, nous emmenant dans un monde de fantaisie, où le bien triomphe du mal, quoi qu'il arrive.

Et en ces jours sombres qui précèdent le Nouvel An, le monde devient de plus en plus lumineux. Il est rempli de lumières multicolores clignotantes, et on commence à voir venir les vacances, et pas seulement le paysage lugubre décoloré de l'autre côté de la fenêtre et la tentative de tout avoir avant la date requise.

Comme les personnages de *La Lampe magique d'Aladin*, j'ai ressenti le souffle chaud du vent oriental et des sables mouvants de Bagdad, ses nuits étoilées et sa joie débridée.

Je ne sais pas pourquoi, mais je trouve les anti-héros plus intéressants. Il n'est pas surprenant que tout au long de la pièce, j'ai suivi de plus près les manigances de Jafar, me réjouissant au fond de mon cœur que chacun ait eu exactement ce qu'il méritait.

Il semble à première vue qu'il ne peut rien y avoir de nouveau dans Aladin. Pourtant, ce n'est pas le cas ! Chaque fois que vous vivez l'histoire, vous la voyez d'une manière différente et vous parvenez d'une certaine manière à éprouver de l'empathie pour tous les personnages, un par un.

C'est comme ça, un vrai théâtre, qui ouvre le voile sur le monde mystérieux de l'amour véritable, de la magie et de la soif de pouvoir. Et, bien sûr, l'hilarant génie, sans qui rien ne se passerait. Parce que de tels plaisantins sont les meilleurs conteurs d'histoires non imaginaires.

Je ne sais pour les autres, mais pour moi, Louspekayev est un phénix renaissant, qui réchauffe nos âmes de sa chaleur dans une période aussi froide. Je peux dire qu'il réussit superbement, parce que notre théâtre est une grande famille.

Notre théâtre est vivant. Et ce sera toujours le cas.

Faina Savenkova

24/03/2021

« Bonjour, réverbère ! »

Lorsque j'ai reçu mon premier prix lors du concours organisé à l'occasion de l'anniversaire d'Andreï Oussatchev, il pleuvait à verse dehors, bien que le mois inscrit sur le calendrier soit celui de décembre. À cette époque, je ne savais pas ce qui m'attendait. Je voulais juste rencontrer mon écrivain préféré, dont ma mère lisait les livres à mon frère et à moi-même. Nous nous asseyions et écoutions les histoires de chats dans la maison sombre, presque morte, à la lumière de la bougie vacillante et crépitante, et nous imaginions nos personnages préférés.

C'était en octobre 2014. Il n'y avait toujours pas d'électricité ni de chauffage, et je pense qu'il n'y avait pas d'eau non plus. La ville pansait ses plaies après le bombardement. Tout le monde vivait dans l'espoir. Nombreux sont ceux qui ont du mal à comprendre ce que l'on ressent lorsqu'il n'y a pas de lumière et que la température intérieure et extérieure est à peu près la même. Et quelque part, c'est toujours le cas. Et tant qu'il y aura des combats et que les bombardements ne s'arrêteront pas, ce sera le cas. Nous vivions dans la croyance que tout allait changer.

En conséquence, lorsque les lumières de la rue s'allument après plusieurs mois d'oubli et de silence, vous êtes immensément heureux. La lumière des réverbères peut être considérée comme des mots, puisqu'ils ne peuvent communiquer autrement, n'est-ce pas ? Une ampoule apparemment ordinaire peut devenir un motif de joie. C'est dans ces moments-là que naissent les récits d'un réverbère discret près de chez soi saluant les passants de sa lumière clignotante. Et papa s'inclina en retour et lui présenta toute notre famille.

Avec le temps, la vie commencera à s'améliorer. Des produits d'épicerie apparaîtront dans les magasins, la plomberie et l'électricité, ainsi que le vieux réverbère, seront réparés. Il ne sera plus différent des autres réverbères de notre rue. Et c'est probablement une bonne chose. Mais je crois toujours qu'un jour, il me fera à nouveau un clin d'œil de son grand œil jaune. Qui sait, peut-être le fera-t-il ? Ainsi, la phrase familière « Bonjour, réverbère ! » continue d'être entendue chaque nuit.

À cette époque, je ne savais pas qu'en quatre ans, je remporterais le concours Oussatchev, deviendrais deux fois championne de la RPL et que mes œuvres commenceraient à être imprimées et traduites en Europe et en Russie. Je ne savais pas que ma vie, comme celle de beaucoup d'autres, allait changer.

J'ai récemment terminé un roman et gagné un prix dans un concours de journalistes pour un essai sur mon cher théâtre russe Louspekayev. Et, aujourd'hui, il fait gris et sombre, et la neige tombe à nouveau, en fondant lorsqu'elle touche le sol. Je m'empresse de signaler que nous sommes en mars et qu'il devrait faire chaud. Quelqu'un a-t-il informé mars ? Ou au moins avril, afin qu'il puisse arriver au travail à l'heure ?

Je veux dire ceci : tu peux voir le bien dans ce monde, tu peux chercher le mal, ou tu peux juste attraper les flocons de neige avec ta bouche. La neige de mars est trop imprévisible pour gaspiller ces précieuses minutes à toutes sortes de bêtises d'adultes.

Faina Savenkova

14/04/2021

Les enfants ne devraient pas mourir à cause d'un conflit entre adultes

L'actualité récente a montré que si la guerre est une histoire d'adultes, les enfants en payent souvent eux aussi le prix (mines, tirs, bombardements, actes terroristes, armes en circulation). Que ressens-tu quand tu vois que des enfants continuent de mourir à cause de la guerre dans le Donbass, malgré les accords de Minsk ?

Tout ce qui se passe actuellement est inacceptable. Les enfants ne devraient pas mourir à cause d'un conflit entre adultes. Jamais. Il est encore plus étrange de voir le monde tourner honteusement le dos, de peur de voir accidentellement un autre enfant mourir, au lieu de prévenir d'autres tragédies. J'ai du mal à comprendre comment une telle indifférence à l'égard de la vie humaine est possible au XXIᵉ siècle.

En temps de guerre, les enfants sont encore plus vulnérables que les adultes, et dans le conflit du Donbass, beaucoup sont morts lors de véritables crimes de guerre. Qu'aimerais-tu dire à ceux qui commettent des crimes de guerre contre eux ?

Je voudrais demander à ceux qui donnent et exécutent de tels ordres : n'ont-ils pas peur de se coucher le soir dans l'obscurité totale après avoir commis tout cela ? N'ont-ils pas peur de sortir de leur maison et de se montrer ? Leurs proches savent-ils qu'ils communiquent et vivent à côté d'un meurtrier ?

Est-ce que cette vulnérabilité des enfants en temps de guerre t'inspire pour tes textes et, plus particulièrement, t'a-t-elle inspirée pour ton dernier roman, écrit en commun avec Alexandre Kontorovitch ?

Je ne dirais pas que c'est une source d'inspiration. Cela m'effraye plutôt. Et cette peur est réellement reflétée dans le roman *Ceux derrière ton épaule*. Certes, le roman est fantastique, mais il contient beaucoup de questions de tous les jours, très concrètes, auxquelles Alexandre Kontorovitch et moi-même avons essayé de trouver des réponses. Certaines d'entre elles concernent justement la vulnérabilité des enfants.

En tant qu'auteure et personne publique, reçois-tu des menaces ? N'as-tu pas peur de montrer ton visage ?

Non, je n'ai pas été menacée ouvertement, mais j'ai été insultée. Il y a des gens qui n'aiment pas mes activités. J'y suis habituée. Ai-je peur ? Je ne sais pas. J'essaie de ne pas y penser.

Quelle est ta vision de ton avenir?

L'essentiel dans ce futur est la paix. Pas celle qui nous est imposée, mais celle à laquelle chacun de nous parviendra par ses propres moyens. Et le reste, je pense, n'est pas si important.

Interview réalisée par Christelle Néant pour Donbass Insider.

08/05/2021

Les destins oubliés

Faina Savenkova a écrit cet essai intitulé *Les Destins oubliés*, à l'occasion du 9 mai, le jour de la Victoire, pour garder vivante la mémoire de ses ancêtres et soutenir ceux qui sont encore en vie.

En feuilletant de vieux albums de famille, je fixe les visages sur les photos, jaunies par le temps. Des gens ordinaires, sans particularité. Je ne connais même pas la plupart de ceux dont la vie est dépeinte dans ce film froid, ni la raison pour laquelle ils sont apparus à cet instant figé du passé à côté de mes proches, ni quelles routes les ont réunis. Des destins différents, presque oubliés et perdus quelque part dans les pages de l'histoire. Une histoire qu'ils ont créée ensemble, en sacrifiant parfois non seulement leur nom mais aussi leur vie.

Mon arrière-grand-mère est née et a passé son enfance loin à l'ouest de Lougansk, de l'autre côté du Dniepr. Trois sœurs qui ont grandi trop tôt pendant la guerre. Des enfants laissés sans parents et survivant dans des conditions inhumaines sont une réalité cruelle de tous les jours. Mon arrière-grand-mère est morte il y a deux ans. En 2014, alors qu'elle regardait un reportage sur la marche aux flambeaux en l'honneur de Bandera à Kiev, elle s'est contentée de dire : « Pourquoi n'ont-ils pas tous été tués en 1945 ? » Elle savait de quoi elle parlait : ceux que l'on appelle aujourd'hui les « héros de l'Ukraine » n'ont pas atteint leur village à cause du brouillard. C'est grâce à cela que mon arrière-grand-mère et ses sœurs ont survécu. Et que je suis moi-même de ce monde.

Aujourd'hui, j'ai du mal à comprendre comment les efforts de nombreux témoins de la Grande Guerre patriotique pour rétablir la paix dans leur pays natal, leur vie même, soient réduits en cendres et soient devenus sans valeur en quelques années seulement. Comment rester indifférent devant de vieilles photos de ses arrière-grands-parents ? N'y a-t-il aucun désir de comprendre pourquoi ils sont devenus ce dont nous nous souvenons : forts, aimants et appréciant les choses simples ? En niant, en réécrivant leur passé à notre guise, ne trahissons-nous pas non seulement nos ancêtres, mais aussi nous-mêmes ?

Je n'ai pas vraiment de réponse à toutes ces questions. Je ne pense pas que beaucoup d'autres personnes en aient non plus. Mais, ce que j'ai, c'est la conviction que les erreurs du présent seront corrigées avant qu'il ne soit trop tard. Et une fois encore, Kiev honorera la mémoire de ceux qui ont libéré cette ville, et non de ceux qui ont assassiné ses habitants. Le lien entre les générations réside dans la recherche de la paix et de sa création pour le bonheur de leurs enfants, et non dans la volonté de tout détruire. Il me semble que c'est la chose la plus importante à retenir à la veille du jour de la Victoire. Et ne l'oubliez plus jamais.

Faina Savenkova

01/06/2021

Journée internationale de l'enfance
« Croire et espérer »

À l'occasion de la Journée internationale de l'enfance, Faina Savenkova a écrit un texte et tourné une vidéo destinée à l'ONU, afin de rappeler le sort des enfants vivant dans le Donbass en guerre.

Croire et espérer

Chaque fois qu'on me demande de parler de la vie sous les bombardements ukrainiens, je suis perdue. Pas parce que je suis une enfant et pas parce qu'il n'y a rien à dire, non. Je ne sais pas ce qu'ils veulent entendre de moi. Des rapports secs et indifférents sur les pertes et les destructions ? Bien sûr que non. C'est à ça que servent les nouvelles. Des sentiments et des expériences personnelles ? Ici, c'est plus difficile. À quoi ressemble la vie en temps de guerre ? Probablement ordinaire, si vous ne vous souvenez pas beaucoup de la vie en temps de paix.

Beaucoup seront peut-être horrifiés de constater qu'il existe des enfants au XXIᵉ siècle, dans le centre géographique de l'Europe, qui n'ont aucun souvenir d'avions volant haut dans le ciel, de promenades dans la ville le soir avec leurs parents ou d'autres bêtises mignonnes auxquelles les autres enfants ne prêtent pas attention. Notre vie s'adapte à la zone d'exclusion aérienne et au couvre-feu. Et quand nous voyons les émeutes dans certaines villes européennes à la suite de l'imposition d'un couvre-feu en raison du coronavirus, nous nous demandons : qu'est-ce qui ne va pas ? Ce n'est qu'un couvre-feu, rien de terrible n'est arrivé, alors pourquoi se tracasser ? La raison d'un tel calme est en fait très simple : tout s'apprend par comparaison, et nous n'avons rien à comparer. Nous sommes la génération qui n'a aucun souvenir d'une vie paisible. Nous sommes une génération qui vit selon des règles strictes, et le non-respect de ces règles peut entraîner la mort.

Nous avons appris à identifier la trajectoire des obus, afin de savoir quand nous devons nous inquiéter et quand nous pouvons continuer à vaquer à nos occupations. Nous avons appris à ne pas ignorer les cours du ministère des Situations d'urgence sur la façon de se comporter pendant les bombardements, lorsque nous trouvons des objets suspects, ou d'autres recommandations pour diverses situations. Pourtant, personne ne peut garantir que vous ne serez pas accidentellement touché par des éclats d'obus par manque de chance. Bizarre ? Effrayant ? Banal, avec quelques variations en fonction de l'intensité des bombardements contre la zone concernée.

À quoi ressemble la vie sous les bombardements ukrainiens ? C'est le soir du 1er juin et Journée de l'enfance, près des monuments commémorant les enfants du Donbass morts sous les bombardements, lorsque des centaines de lanternes en papier s'élèvent dans le ciel pour éclairer le chemin des anges. Après tout, il est difficile d'expliquer aux enfants qui lancent des lanternes pourquoi ces anges ont été privés de leur courte vie et de la chance de grandir et de voir la paix revenir dans notre mère patrie. Maintenant, ils ne peuvent que regarder depuis le ciel et pleurer avec les adultes qui les réconfortent.

Il se trouve que presque toute ma vie et mes souvenirs sont liés à la guerre, ce qui fait que je n'ai pas de regrets ni de tristesse pour le passé. Je vis dans le présent et pense occasionnellement à l'avenir, dans lequel il y a de la place pour un rêve naïf et idiot qui me fait sourire. Tout à fait réel, chaleureux et presque tangible, il me permet de ne pas désespérer, même dans les moments les plus difficiles. Je veux que des avions de ligne volent dans le ciel du Donbass, pas des lanternes en papier. Tout rêve doit se transformer en réalité. C'est ainsi que cela devrait être, et je crois que cela le sera.

Faina Savenkova

Voici la vidéo envoyée par Faina Savenkova à l'ONU pour la Journée de l'enfance, avec l'aide de la représentation russe : Today is World Children's Day / Сегодня День защиты детей

https://www.youtube.com/watch?v=oTzHgr018oE

Traduction en français du texte et des sous-titres de la vidéo envoyée à l'ONU :

Bonjour !

Mon nom est Faina Savenkova. Je suis écrivain et dramaturge en herbe. Je vis à Lougansk et ne suis guère différente de la plupart des autres enfants. Mais il se trouve que c'est la septième année que je vis en situation de guerre. En 2014, les avions de combat ukrainiens attaquèrent ma ville natale, nous bombardèrent et lâchèrent des bombes sur nos maisons, tuant de nombreux adultes et enfants. À l'époque, nos parents durent prendre les armes pour protéger nos vies. Aujourd'hui, il y a moins de tirs qu'avant, mais comme avant, nous vivons tous – amis, enseignants, proches – dans l'attente constante de nouveaux bombardements et d'une reprise des hostilités actives, sans oser faire de plans pour l'avenir. Parce que tous ces plans peuvent facilement être détruits par un petit éclat d'obus.

Dans notre ville, il y a un mémorial dédié aux enfants qui sont morts pendant cette guerre. Pour la plupart des gens dans le monde, la Journée de l'enfance est simplement une fête pleine de ballons, d'amusement et de légèreté. Mais, pour le Donbass, c'est aussi un jour de douleur et de deuil devant ce mémorial. Aujourd'hui, je vous demande de vous souvenir des sourires de vos enfants et je veux vous dire que nous aussi, nous voulons être heureux, nous voulons choisir notre avenir, nous voulons simplement vivre. Et pour cela, la guerre doit cesser. Je souhaite que les Nations Unies se souviennent que les enfants du Donbass ont eux aussi le droit à l'enfance et à une vie paisible.

Faina Savenkova

09/06/2021

Donbass – Lettre ouverte de Faina Savenkova au Président de la République française, Emmanuel Macron

Monsieur le Président de la République française, Emmanuel Macron,

Bonjour,

Je m'appelle Faina Savenkova. J'ai 12 ans. À mon âge, il est probablement plus approprié de penser au divertissement et aux livres, mais je vis à Lougansk. C'est dans le Donbass, où la guerre dure depuis sept ans. J'aime la France, je lis beaucoup à son sujet et j'admire l'histoire et les écrivains français, car je suis moi-même une dramaturge en herbe.

Malheureusement, en France, ils ne savent pas ce qui se passe dans notre pays. Les médias ne s'intéressent pas à l'opinion des habitants de Donetsk et de Lougansk. Peut-être ont-ils peur de raconter de telles horreurs, ou sont-ils indifférents à la situation dans le Donbass, parce que cela n'arrive pas à leurs enfants et pas dans leur pays ? Je voudrais vous dire que nous n'avons ni terroristes ni méchants, mais des gens ordinaires qui sont victimes des ambitions des présidents ukrainiens. Nos pères et nos grands-pères durent prendre les armes pour nous défendre de l'armée ukrainienne.

Nous avons une allée des Anges à Lougansk et à Donetsk. Elle est nommée ainsi en l'honneur des enfants tués par les bombardements ukrainiens. Certes, la vie d'un enfant n'est pas si intéressante dans le monde, et des enfants meurent dans différentes parties de notre planète, mais c'est notre vie. Et elle peut nous être retirée à tout moment, ajoutant ainsi un autre nom à la liste des victimes. Hormis le fait que nous vivons en temps de guerre, nous ne sommes pas différents des enfants de France. Nous ressentons de la douleur lorsque nous sommes blessés et tués par des éclats d'obus. Nous avons aussi peur lorsque nous nous cachons des bombardements dans les abris. Nous ne sommes que des enfants qui ne savent pas s'il y a un lendemain pour nous.

Lorsque je lisais des livres sur l'histoire de la France, ils parlaient de ce que les enfants français avaient enduré pendant la Seconde Guerre mondiale, de l'horreur que les Français avaient vécue. Nous, les enfants du Donbass, endurons la même chose. Aujourd'hui, comme il y a quatre-vingts ans, tout se répète et se produit à nouveau au centre de l'Europe, dans le silence indifférent des pays européens. C'est inacceptable. La guerre doit cesser. C'est pourquoi j'ai décidé de vous écrire cette lettre. Je crois que vous, en tant que président d'un grand pays, pouvez contribuer à ce que l'Ukraine arrête la guerre.

Respectueusement,
Faina Savenkova

Une réponse lui est envoyée le 6 juillet par le chef de cabinet de la présidence :

Sensible aux raisons qui ont guidé ta démarche, le Chef de l'État m'a confié le soin de t'en remercier vivement et de t'assurer de l'attention portée par la France à la situation en cours dans la région du Donbass, où tu vis.

Tu peux être certaine de la détermination de notre pays à continuer de déployer des efforts dans le cadre du Format Normandie pour garantir la pleine application des accords de Minsk, qui est la seule voie permettant de parvenir à un règlement durable du conflit.

Avec toute ma sympathie.

29/06/2021

Le Donbass retrouvera un ciel paisible

Le monde change, que nous le voulions ou non. Il est possible de mentir énormément et de dire que la guerre dans le Donbass est menée par la Russie. Il est possible de stigmatiser et de qualifier de marginaux ceux qui ont un point de vue différent, mais la vérité, comme une goutte d'eau, va s'infiltrer et détruire ce mur.

À Berlin, à la porte de Brandebourg, pour la première fois en sept ans, eut lieu l'action « Paix pour les enfants du Donbass », organisée par les volontaires des organisations antiguerre de Berlin et la plateforme internationale Global Rights of Peaceful People.

Les organisateurs déployèrent un petit village de tentes avec des photos de personnes souffrant de la guerre en RPL, RPD et dans le sud-est de l'Ukraine et, avant tout, d'enfants.

Pendant dix jours, les organisateurs racontèrent ce qui se passait dans notre pays. Oui, bien sûr, de nombreux politiciens allemands n'en furent pas heureux. Beaucoup même ignorèrent cet événement. Et c'est probablement compréhensible dans une certaine mesure – il est difficile d'admettre leur culpabilité dans ce qui se passe. Ou peut-être qu'ils s'en fichent, parce qu'il ne s'agit pas de leurs enfants, parce que cela se passe loin de chez eux.

Néanmoins, cette action montra que les Européens se réveillent. Ils ne se contentent plus de l'opinion d'un seul côté du conflit, ils veulent des réponses à leurs questions, ils veulent entendre un autre point de vue, ils veulent la paix et sont fatigués de la propagande et des mensonges. L'action qui s'est tenue à Berlin n'est que la première hirondelle, que la première goutte qui brisera le mur du mensonge. Et alors le Donbass retrouvera un ciel paisible.

Faina Savenkova

21/09/2021

Dieu a créé le monde pour que nous vivions en paix, pas pour que nous nous battions

Texte écrit à l'occasion de la Journée internationale de la paix.

Sur notre petite planète, chaque jour des enfants meurent de la guerre. Syrie, Afghanistan, Donbass, d'autres régions du monde… Malheureusement pour la plupart des politiciens, un autre enfant mort n'est qu'un nouveau chiffre dans le rapport. Or, pour moi, ce n'est pas le cas. Je vis à proximité de la guerre et je sais que beaucoup s'endorment en disant « Merci pour un autre jour vécu. » C'est le plus sincère des remerciements.

Nous n'aimons pas moins la vie que les autres, nous ne sommes pas différents des enfants ordinaires d'Europe ou d'Asie. C'est juste que notre « demain » dépend plus des adultes que de nous.

Aujourd'hui, c'est la Journée de la paix. Et lorsque les oncles et les tantes exprimeront à nouveau leur « préoccupation » et feront de beaux discours alors qu'un autre enfant sera tué par un bombardement, rien ne changera.

Parler doit mener à une sorte de décision et d'action. Sinon, on a l'impression que les politiciens divisent les enfants entre « les leurs » et « les autres », les uns étant à plaindre et les autres non. Le monde est fragile et indivisible. Et nous n'avons qu'un seul monde, il n'y en aura pas d'autre dans un avenir proche.

J'ai lu récemment les paroles d'une jeune Américaine, Samantha Smith[6] : « Dieu a créé le monde pour que nous vivions en paix, pas pour que nous nous battions » (« God made the world for us to live together in peace and not fight »). Et je suis d'accord avec elle.

Faina Savenkova

Timbre soviétique à l'effigie de Samantha Smith

---

6. NdÉ : « Samantha Reed Smith, née le 29 juin 1972 et morte le 25 août 1985, à 13 ans, est une écolière américaine originaire de Manchester, dans l'État du Maine.
Samantha doit sa célébrité dans ces deux pays et de par le monde à une lettre qu'elle écrit à Iouri Andropov, le secrétaire-général du Parti communiste de l'Union soviétique : ce dernier lui fait parvenir une réponse contenant une invitation personnelle à visiter l'Union soviétique, que Samantha accepta. Elle est surnommée la « plus jeune ambassadrice d'Amérique » aux États-Unis, et l'« ambassadrice de bonne volonté » en Union soviétique. Entourée dès lors d'une grande attention médiatique, l'écolière se charge de promouvoir la paix dans le monde, écrit un livre et se lance dans une série télévisée. Samantha perd la vie en 1985 dans un accident d'avion. » Wikipedia.

24/10/2021

Le grand malheur du roi attend que
les chats cessent d'aboyer

L'histoire avec le site ukrainien Mirotvorets a été mise en pause. De nombreux amis me demandent ce que j'ai accompli : Mirotvorets n'a pas été fermé, je n'ai pas été retirée de la liste, et maintenant, je dois encore veiller à ma sécurité. À bien des égards, ils ont raison. À 12 ans, il m'est difficile de faire quoi que ce soit. C'est difficile de se battre contre un État entier, mais au moins, j'ai essayé de dire que je n'étais pas d'accord.

Je suis une enfant du Donbass à qui l'on a appris à être honnête et à ne pas avoir peur de défendre son opinion. Vous ne pouvez pas désigner un ennemi, le persécuter et mettre tous les détails des personnes et de leurs proches dans le domaine public sans prouver leur culpabilité devant un tribunal. C'est illégal. Donc tout ne fait que commencer, même si ce n'est pas encore public.

Gianni Rodari, dans *Gelsomino au pays des menteurs*, a cette phrase : « Le grand malheur du roi est d'attendre que les chats cessent d'aboyer. » Peu importe la quantité de boue qu'ils essaient de me jeter dessus maintenant, peu importe le nombre de fois qu'ils convainquent le monde que les chats aboient, cela ne change rien au fait qu'un jour tout le monde verra le mensonge. Et un simple fait restera : les propriétaires du site web ont publié les données personnelles d'une mineure sans le consentement écrit de ses parents et sans décision de justice attribuant la culpabilité à une enfant de 12 ans, violant ainsi les lois de l'Ukraine. Ce sont des crimes. Tout le reste n'est pas pertinent.

Merci à tous ceux qui m'ont soutenue : politiciens, journalistes, diplomates et simples citoyens de Russie, d'Ukraine et du monde entier. Merci à Denis Jarkikh, Lioubov Titarenko, Olessia Medvedeva, Anatoli Chary, Klymenko-Time et tous les autres. Je remercie tout particulièrement Rodion Mirochnik, Ioulia Vityazeva et, bien sûr, la Mission russe auprès de l'ONU et Dmitri Polianski.

PS : J'ai dû lire les lois sur les données personnelles et le Manifeste de l'Unicef sur les données personnelles des enfants. Ennuyeux, mais utile.

La fiche de Faina sur Mirotvorets

Voici la lettre que j'ai envoyée à l'ONU :

Bonjour,

je m'appelle Faina Savenkova, j'ai 12 ans et je vis à Lougansk. Malheureusement, j'ai passé plus de la moitié de ma vie en temps de guerre et je ne me souviens plus guère de ce qu'est une vie paisible. C'est ce dont je parle dans mes essais, qui sont traduits dans de nombreuses langues et publiés dans différentes parties du monde. Dans mes textes, je demande la fin de la guerre dans le Donbass et la fin des souffrances des civils, y compris des enfants. Je sais que les adultes doivent protéger ceux qui, en raison de leur âge, ne peuvent pas se protéger eux-mêmes. J'ai donc lancé un appel aux Nations unies, à l'occasion de la Journée des enfants, pour qu'elles aident à mettre fin aux bombardements et à sauver des vies. Mais la guerre continue.

Récemment, le site web ukrainien Mirotvorets a placé mes coordonnées et celles de mes proches dans le domaine public sur une liste d'ennemis de l'Ukraine. J'ai été accusée de participer à des activités de propagande anti-ukrainienne et de diffuser de fausses informations. C'est un mensonge utilisé pour essayer de faire en sorte que la population ukrainienne me déteste, m'intimide et salisse mon nom. Maintenant, je crains pour ma vie, ma santé et la sécurité de ma famille.

Le 13 octobre 2021, j'ai lancé un appel public au président de l'Ukraine, Volodymyr Zelensky, lui demandant de bloquer le site web Mirotvorets en raison d'une violation de la loi sur les données personnelles, qui a été mentionnée à plusieurs reprises dans les médias. Néanmoins, le site web Mirotvorets continue de fonctionner. De plus, il met constamment à jour et complète les informations sur ma famille, ce qui me porte préjudice ainsi qu'à mes proches. Le pire, c'est que je ne suis pas le seul enfant à avoir été victime de l'agressivité des responsables adultes du site Mirotvorets. Ce n'est pas la première fois que Mirotvorets publie les données personnelles d'enfants comme moi sans leur consentement écrit, exerçant ainsi une pression psychologique sur eux et menaçant leur sécurité.

J'ai lu beaucoup de choses sur l'aide apportée par l'Unicef aux enfants du monde entier. Je voudrais donc également vous demander d'aider et d'influencer le gouvernement ukrainien pour qu'il bloque au plus vite le site web Mirotvorets, ses copies « miroir » et ses comptes dans tous les réseaux sociaux, afin d'assurer la sécurité des mineurs, de respecter leurs droits et de sauver la vie de nombreux enfants.

Veuillez également demander à l'Unicef de surveiller les droits des enfants et de réagir immédiatement lorsque des sites comme Mirotvorets apparaissent. Aidez-nous à faire en sorte que le gouvernement ukrainien applique ses lois et ne mette pas en danger la vie des enfants en ne réagissant pas au travail de Mirotvorets. Les enfants ne doivent pas être victimes d'intimidation et de violence en raison des opinions politiques des adultes.

Respectueusement,
Faina Savenkova

11/11/2021

Pour moi, Mirotvorets n'est qu'un site web géré par des criminels qui attisent la haine entre les gens

Interview publiée avec l'aimable autorisation de Denis Jarkikh

L'inclusion de Faina Savenkova, une enfant de 12 ans, sur le site web Mirotvorets a provoqué un grand retentissement dans le monde entier. De nombreuses personnes se sont exprimées, mais je me demande ce que pense la jeune fille écrivain et dramaturge, qui a récemment fêté son treizième anniversaire. Faina s'est exprimée beaucoup plus correctement que ses aînés du camp adverse, mais jugez par vous-même.

Faina, ton inclusion dans Mirotvorets a provoqué un scandale international. Comment as-tu vécu le fait que ton nom soit sur ce site ? Comment t'es-tu sentie au début ?
Bonjour Denis. Les sentiments sont un peu contradictoires. Je sais que les coordonnées de beaucoup de mes amis sont sur ce site. Et c'est drôle en soi quand on est perçu comme quelqu'un qui menace la « sécurité de l'humanité ». Je me sens comme Dark Vador. À part ça, bien sûr, c'est le summum de l'inhumanité et de l'anarchie. Je suis en 8ᵉ année, et ce n'est pas la première année que l'on nous enseigne les « études sociales », où l'on étudie la société et, entre autres, les droits fondamentaux des personnes.
De plus, on m'a appris depuis l'enfance qu'il ne faut jamais donner son adresse ou son numéro de téléphone à des

inconnus. C'est la base de la sécurité de tout enfant et je pense que tous les parents disent la même chose à leurs enfants. Du moins, ils devraient.

Et, en même temps, il y a des sites web qui publient vos coordonnées et celles de vos proches. C'est juste horrible. On nous a appris à l'école que la culpabilité doit être prouvée par un tribunal, mais il s'avère que ce n'est pas vrai partout. Il y a des gens qui, pour une raison quelconque, ont décidé qu'ils étaient au-dessus de la loi de leur État. Et aussi que toute personne qui pense différemment d'eux est un ennemi.

Au début, j'ai été, bien sûr, très surprise, mais, ensuite, j'étais bouleversée. Maintenant, je le prends calmement et mon seul souhait est de dire que Mirotvorets n'est qu'une fraude, qui utilise les sentiments et les croyances des gens à ses propres fins. Vous savez, c'est comme au Moyen Âge : si vous n'aimiez pas quelqu'un, une allusion glissée à l'Inquisition concernant des liens avec le Diable et cela suffit, cette personne ne retournera pas chez elle. Personne ne vérifiera, ils brûlent tous de la même façon sur le bûcher.

Ce qui me met le plus en colère, ce n'est pas le fait d'avoir été placée dans cette base de données, mais qu'ils aient enfreint plusieurs lois de leur pays.

Qu'est-ce qui t'a le plus frappé dans le concept de Mirotvorets ?
Ce qui m'a le plus frappée, c'est que les personnes travaillant sur ce site inventent des fausses informations et ne savent pas du tout sur quoi elles écrivent. Après tout, une personne normale, après avoir lu toutes ces choses dégoûtantes, va fouiller sur Internet, se renseigner un peu sur la personne et

se rendre compte que tout ce qui est écrit sur Mirotvorets est un mensonge. Dans mon post au début de l'histoire, j'ai tout expliqué et remis à sa place. Il y a même une accusation digne d'un conte de fées. Ne parlons pas même de l'accusation d'être à la fois une propagandiste et une victime, ce n'est encore rien. Selon la version du site, j'ai été inscrite là pour avoir participé au festival de science-fiction de Donetsk et avoir écrit un livre avec Alexandre Sergueïevitch Kontorovitch (cela a été mentionné dans un article du site Glavkom). Ce n'est pas une accusation très pertinente, mais tout semble être juste et équitable. J'ai deux questions à poser aux crétins de Mirotvorets : si vous m'avez mise sur votre site pour cela, alors pourquoi l'avoir fait le 9 août 2021 ? À l'époque, le livre *Ceux derrière ton épaule* n'était pas encore sorti, et le festival s'est déroulé à la fin du mois de septembre 2021. Il doit y avoir des visionnaires qui y travaillent. Ou bien les menteurs habituels. Et si c'est pour ma participation au même festival en 2019 et 2020, les accusations sont encore plus surprenantes. Pourquoi ne m'ont-ils pas ajoutée tout de suite ? Il n'y a pas eu d'accusations en 2019 et 2020 ? C'est vrai, hein ? Excusez-moi ? À l'époque, je le répète, le festival 2021 n'avait pas encore eu lieu et alors quel est le rapport avec tout cela ?

Que peux-tu dire des personnes qui ont écrit ça ? Pourquoi l'ont-ils fait ?

Je pense qu'ils n'ont pas bien réfléchi. Lorsque des informations sur des personnes sont mises sur Mirotvorets, certains sont généralement fiers et d'autres se taisent pour ne pas avoir d'ennuis. On peut comprendre chacun. Dans mon cas, c'est beaucoup plus facile : je ne perçois pas Mirotvorets en soi comme quelque chose d'intimidant. Et la fierté… Eh bien, je ne sais pas. Pour moi, c'est juste un site web géré par des criminels qui attisent la haine entre les gens. Et les criminels doivent être punis. C'est tout. C'est pourquoi je n'ai pas gardé le silence et j'ai écrit une lettre d'appel à l'ONU, à l'Unicef et au président ukrainien. Un site web qui se substitue au tribunal et à l'État, qui trompe et appelle à la violence est répugnant pour tout le monde. C'est pourquoi je suis également soutenue en Ukraine.

Comment les choses ont-elles évolué par la suite, ton attitude à leur égard ?

Les événements ont évolué rapidement. De nombreuses personnes ont été surprises et choquées qu'à l'âge de 12 ans, je sois répertoriée comme une ennemie de l'Ukraine. L'Unicef, les médias, les politiciens d'Europe, de Russie et d'Ukraine ont répondu, et je les en remercie. Après tout, je ne suis pas la seule à être là, beaucoup d'autres enfants y sont aussi. D'ailleurs, malgré cette interview, je voudrais vous demander de ne pas me traiter de « victime de la propagande », car je n'appelle pas à la guerre, mais j'écris seulement sur la nécessité d'arrêter la guerre.

Mais de manière générale, bien sûr, je suis heureuse que le problème ait été porté à mon attention. Je le répète : il faut s'occuper des criminels. Beaucoup de gens disent que tout cela n'est que politique et qu'ils ne voient que « l'ennemi de l'Ukraine et de l'humanité », certains trouvent que mon chat est drôle sur l'une des photos (j'espère qu'elle a déjà été retirée), d'autres pensent qu'il s'agit d'une campagne de relations publiques et qu'il n'y a rien de mal à entrer dans le site Mirotvorets, mais le plus important est que les données personnelles d'un enfant sont dans le domaine public. « Pas effrayant », dites-vous ? Qui acceptera de fournir à tous ceux qui ont commis des crimes contre des enfants les photos, l'adresse et le numéro de téléphone de leurs enfants et petits-enfants ? Peu de gens le voudraient, n'est-ce pas ? Et en fournissant des données, Mirotvorets aide précisément à commettre de tels crimes. Je suis donc très heureuse que l'Unicef réagisse.

Tu as été accusée à plusieurs reprises de haïr l'Ukraine. Est-ce vrai ?
On peut en débattre pendant longtemps, mais ma réponse est la suivante : si j'étais une « janissaire du Kremlin », comme m'a qualifiée Zaïtsev dans sa réponse au nom de Mirotvorets, je n'aurais pas autant d'amis en Ukraine. Il n'y aurait, finalement, pas eu de déclarations et d'interview. Comme vous vous en souvenez peut-être, mon essai *De la victoire du rire des enfants* est apparu sur les chaînes ukrainiennes dès l'été 2020. Il existe même une traduction en ukrainien. De plus, ce soutien n'aurait pas été possible à cause de la situation avec le site web. C'est difficile de soutenir quelqu'un qui vous déteste.

Penses-tu que ceux qui ont créé et soutiennent Mirotvorets aiment l'Ukraine ?
Je ne sais pas s'ils l'aiment ou pas. Pour moi, l'amour, c'est quand on fait quelque chose de bien pour la personne qu'on aime. Mais Mirotvorets ne fait que provoquer des scandales et montrer l'Ukraine au monde entier comme un État où la loi n'existe pas et où tous ceux qui ne sont pas d'accord sont haïs. Et il n'est absolument pas possible de remplacer les tribunaux par de tels sites.

Pourquoi penses-tu que Mirotvorets, malgré le scandale international, ne peut être fermé, mais que les chaînes TV nationales peuvent être fermées sans décision de justice ni même accusation claire ? Dans quelle mesure est-ce conforme aux normes européennes ?

Je ne suis pas une politicienne et il m'est difficile d'en parler. Je pense que c'est juste la peur. Je pense qu'ils n'ont déjà plus peur que les gens découvrent la vérité, ils ont peur en fait de s'avouer qu'ils ont tort. C'est pourquoi ils ne veulent pas de rappels inutiles.

Comment doit se terminer ton histoire avec Mirotvorets ? Que veux-tu dire et souhaiter aux Ukrainiens de l'autre côté de la frontière ?

Je ne sais pas comment l'histoire avec Mirotvorets va se terminer, tout ce que je sais c'est que j'ai raison. Je n'ai aucune haine envers l'Ukraine ou qui que ce soit d'autre. J'ai de nombreux amis en Russie, en Ukraine et en Europe. J'espère que cela continuera ainsi. Bien sûr, on a commencé à essayer de me dépeindre comme le mal incarné, un outil du Kremlin, mais tout cela est tellement ridicule. C'est probablement plus pratique pour ces personnes. Il est toujours difficile d'admettre ses erreurs, il est plus facile d'accuser quelqu'un d'autre de tous les malheurs. Même si c'est un enfant.

Et je voudrais tout d'abord vous souhaiter la paix et la santé. À tous !

13/12/2021

Major « petit oiseau »

Suite à de nouveaux rebondissements, et l'implication du site très mal nommé StopFake (ce site propage en fait des fausses informations grossières), Faina Savenkova revient sur l'affaire du site Mirotvorets, en commentant l'accusation faite par ce site, selon laquelle elle ferait partie d'une opération des services secrets russes (d'où le titre qui fait référence au surnom souvent donné à Faina « petit oiseau »).

J'ai probablement dit tout ce qu'il y avait à dire sur le site Mirotvorets. Je l'ai mis de côté et décidé de ne plus en parler. Il s'est avéré que c'était une décision hâtive. Les nouvelles liées à cette affaire continuent de sortir. Comme vous pouvez l'imaginer, je vais devoir dire quelque chose. Alors commençons.

Deux mois se sont écoulés depuis les événements qui ont conduit à la « chaleureuse amitié » entre moi et le site. Cette « merveilleuse » ressource a changé mon statut et la version de comment je suis arrivée sur leur site trois fois. Leurs collègues sont de pauvres journalistes ukrainiens – qui ne me connaissent pas, ne savent pas qui je suis et comment me combattre. Pour les aider à combattre les occupants russes, tels des super-héros en collants, les blogueurs de StopFake ont été mis à contribution. Comment cela s'est terminé ? Une grande et importante enquête. Après avoir effectué un travail « sérieux », ils ont « enquêté » à la sueur de leur front sur l'histoire de l'entrée d'une adolescente sur Mirotvorets. StopFake a mis le nez dans des sources publiques et, pour finir, les personnes à l'esprit « patriotique » et à l'allure importante n'ont pas pu décider si Faina Savenkova était une « propagandiste du Mordor », une « janissaire russe » ou, Dieu nous en préserve, une « espionne russe ».

Que pensez-vous que Mirotvorets ait répondu à cela ? Bien sûr, ils ont jugé que j'étais un agent secret (il s'est avéré que tout ce que j'ai dit était une opération secrète de la mission russe auprès de l'ONU). Vous pouvez vous demander comment ils l'ont découvert ? Tout simplement parce que la Russie m'a aidé à remettre ma lettre au secrétaire général des Nations Unies, M. Guterres. Si la Russie a aidé, cela signifie que c'était une opération des services de renseignement. Et le Secrétaire général a également été interrogé à mon sujet par un journaliste de RIA Novosti !

Pensez à ce qui se passe dans le monde ! Des journalistes qui posent des questions ! Que devient le monde ?! Inimaginable ! Et vraiment, quelle autre preuve vous faut-il ? Dans l'ensemble, c'était peu convaincant et ridicule. Du moins parce que, s'il s'agit d'une « opération secrète russe », alors Mirotvorets en est le principal organisateur et protagoniste.

Non, vraiment, vous comprenez que je n'ai pas demandé à ce que mes données personnelles soient publiées sur le site des célébrités, n'est-ce pas ? C'est uniquement l'initiative de Mirotvorets. Et ce n'est pas la première fois non plus.

Sérieusement, une fois de plus, je voudrais faire appel à Mirotvorets : si vous n'avez pas le courage de supprimer toutes les données personnelles d'enfants de votre site, ne vous cachez pas derrière la Russie. Et mettez enfin mon affaire en ordre. Ne vous mettez pas dans l'embarras, ni les journalistes. Ils, les pauvres, ne peuvent même pas décider si j'écris des poèmes anti-ukrainiens ou non. Je déclare en toute responsabilité que ma seule tentative de poésie a été d'écrire un court poème sur l'amour de la nature du Donbass. En troisième année. Et puis, c'était en ukrainien, ce qui est encore plus amusant. Si mes vieux cahiers d'ukrainien traînent quelque part dans les archives de l'école, on peut même le trouver. Mais je dois admettre que je suis une piètre poétesse et que je n'ai plus jamais touché à ce genre de choses.

Bref, tout cela est triste. Hier, un journaliste m'a demandé : « Penses-tu qu'ils vont fermer Mirotvorets ? ». Je ne pense pas. Même si je dois remercier Mme Denissova.[7] Peut-être qu'elle va réussir. Mais pour moi, l'autre chose horrible est qu'un très grand nombre de personnes aiment voir la vie d'une personne, quel que soit son âge, mise en danger simplement parce que quelqu'un n'aime pas cette personne. Sans procès. Sans preuve. Sauf que les choses peuvent changer si cela vous affecte, vous et vos enfants. Et alors quoi ?

Faina Savenkova

---

7. NdÉ : Lyudmyla Denissova est la médiatrice ukrainienne aux Droits de l'homme. Le parlement ukrainien a mis fin à ses fonctions le 31 mai 2022.

01/01/2022

« Je pense que la colère et l'agressivité ne sauveront pas notre monde »

Afin de célébrer la nouvelle année qui commence, Faina Savenkova nous a accordé une nouvelle interview, dans laquelle elle revient sur l'affaire Mirotvorets et les commentaires qu'elle a suscités, mais aussi sur la publication de son deuxième roman coécrit avec Alexandre Kontorovitch, ce qu'elle pense de la France, et ses vœux au monde pour l'année 2022.

Christelle Néant / Donbass Insider

Après que tes données personnelles soient apparues sur Mirotvorets, tu t'es adressée à l'ONU et à l'Unicef pour que les données personnelles d'enfants soient retirées du site. Quel a été le résultat de ta demande ? Penses-tu que ta requête sera satisfaite ?
Lorsque j'ai envoyé ma vidéo à l'ONU pour protéger les enfants du Donbass, je ne savais pas que mes actions provoqueraient une telle réaction et que les nationalistes ukrainiens, en colère, mettraient mes données sur le site Mirotvorets. Mais ça s'est passé comme ça s'est passé. Pourtant, je ne regrette rien.
Et les résultats… Ils sont là, même si cela ne sera pas rapide. La police de Kiev enquête sur le site web Mirotvorets. Voyons où cela nous mènera, car tout dépend de l'importance de la nécessité pour les adultes de régler cette affaire. Et, bien sûr,

sur les personnes dont les données se trouvent sur le site. Un ami journaliste m'a récemment envoyé un lien vers une vidéo d'un politologue ukrainien qui se demandait comment il se faisait que pas une seule personne n'avait intenté un procès à Mirotvorets depuis tout ce temps. Je ne peux pas dire que je me sois déjà intéressée à ce sujet, mais je pense que cette question est juste. Je ne sais pas pourquoi. En tout cas, j'ai déjà dit ce que j'avais à dire.

Cette affaire a suscité de nombreux commentaires, entre autre parmi les lecteurs français, sur le fait que les enfants ne devraient pas être mêlés à la politique, pour éviter d'être mis en danger. Qu'est-ce que tu aimerais répondre à ces commentaires ?

Il y a, comme toujours, deux poids deux mesures ici. Rappelez-vous Greta Thunberg. Avec quelle admiration chacun écoutait ses paroles, soutenait ses idées. Quand elle s'est adressée à l'ONU, elle n'était pas beaucoup plus âgée que moi. Pensez-vous que ses discours ont un impact sur les politiques publiques ? Je veux dire, les programmes environnementaux du gouvernement. Oui. Au moins, pour plaire au public, certaines décisions sont prises par les politiciens. Les questions environnementales doivent-elles être abordées ? Bien sûr. Mais elles devraient être traitées par des écologistes correctement formés qui se souviennent, grâce à leurs cours de géographie et de biologie à l'école, que notre planète a connu des périodes de refroidissement global et des périodes de réchauffement global, et que l'extinction de certaines espèces est une évolution naturelle, même si nous les plaignons. Et puis une fille du Donbass arrive et dit que les obus qui volent sur nos maisons ne parlent pas non plus de vie et d'un avenir radieux. Mais ils me disent de ne pas m'impliquer dans la politique, parce que c'est dangereux. Les bombardements ne sont-ils pas autant dangereux ? Ne sont-ils que des feux d'artifice pour nous faire plaisir ? Cela va probablement déplaire et même décevoir de nombreux adultes, mais je ne me mêle pas de politique, je veux juste vivre. Tout comme les autres enfants du Donbass. En quoi sommes-nous moins bien que vos enfants ?

Je n'ai pas commencé à écrire avec des essais sur la guerre : mes récits portent sur la réalisation de rêves, sur la bonté... Or, lorsque vous vivez là où il y a des tirs, vous commencez rapidement à comprendre que la guerre n'est pas bonne. Je pense que je comprends les adultes d'une certaine façon. Les enfants ne devraient pas s'impliquer dans la politique, même si cela rend l'élection du délégué de classe étrange. Je ne pense pas que mes camarades et moi nous intéressions à la politique du tout, et je ne me soucie pas de l'élection du chef de classe. Mais imaginez que vous viviez en France et que des nationalistes créent un site web, pas même dans votre pays, mais quelque part à l'étranger. Et ils commencent à divulguer vos coordonnées, vos comptes bancaires, les adresses de vos enfants et petits-enfants, leurs photos, au grand jour. Comment allez-vous réagir ? Je pense que vous allez faire un procès. Mais les habitants du Donbass n'ont pas d'avocats coûteux ni la possibilité de défendre leurs droits. J'ai donc écrit à l'ONU.

Je ne suis toujours pas intéressée par la politique. Je veux juste me protéger, écrire des contes de fées et ne pas penser à tout ça.

L'attention que cette affaire a suscité a poussé certains médias ukrainiens à tenter de « justifier » ta présence sur le site Mirotvorets. Quels ont été leurs arguments et quel commentaire aimerais-tu faire face aux « explications » fournies ?

Les arguments sont pour le moins « convaincants » : quelqu'un sur Mirotvorets s'est mis en tête que je travaillais pour le ministère russe des Affaires étrangères, que j'étais une opération spéciale russe, et que j'avais été enrôlée comme ennemie de l'Ukraine. Ce qui signifie que vous pouvez commencer à me harceler. Pourquoi pas ? Je suis une « ennemie », après tout. Certaines publications m'ont attribué, en passant, l'écriture de poèmes anti-ukrainiens, alors que je ne sais pas écrire de poèmes. Heureusement qu'ils ne m'ont pas encore attribué la création de « l'étoile de la mort », sinon ils m'auraient déjà qualifiée de menace pour l'humanité. Il n'y a pas eu d'autre argument.

C'est ainsi qu'ils commencent par mettre tes données dans le domaine public, puis ils t'accusent de crimes que tu n'as pas commis, et c'est tout. Les gens ne se soucient plus de la vérité. Il s'avère que tu es devenu un traître qui n'a pas le droit de se défendre. Et peu importe que ce soit tes droits qui aient été violés. Je pense que si cela était possible, ces gens seraient heureux de mettre un numéro sur mon bras et de coudre une étoile sur ma veste. Ce ne serait pas la première fois pour eux.

Et pourtant, il y a beaucoup de bonnes personnes en Ukraine qui ne pensent pas que de telles actions soient normales. Un certain nombre de journalistes et de personnalités publiques ont été attaqués par les nationalistes pour avoir osé me soutenir.

Dans cette campagne visant à justifier l'apparition de tes données sur Mirotvorets, le site StopFake a affirmé que tu es une opération spéciale russe et que tu es utilisée comme un outil de propagande. Qu'en penses-tu ?

Je ne dirai pas grand-chose sur ces sites. Je dirai seulement que toutes leurs affirmations vont dans le sens de : « Il s'agit d'une opération spéciale russe, car la mission russe auprès de l'ONU apporte son aide. » Ils n'ont pas même essayé de trouver des informations dans leurs sources publiques sur le fait que, même avant que je contacte la Mission russe, mes histoires et parfois mes articles avaient été publiés dans des ressources Internet européennes et américaines. Une arme de propagande ? Je pourrais tout aussi bien affirmer que StopFake m'utilise pour ses propres relations publiques et sa propagande d'agression contre les habitants du Donbass. Ce qu'ils disent de moi entraîne justement de telles conséquences.

Suite à la publication de ton roman *Ceux derrière ton épaule*, co-écrit avec Alexandre Kontorovitch, il y a eu une forte demande de la part de mes lecteurs pour une version en français (version qui verra le jour). Lorsque tu as écrit ce livre, t'attendais-tu à ce qu'il y ait une telle demande à l'international ?

Ce roman est apparu comme la suite d'une nouvelle pour la collection *Donbass, vis !* Le plus difficile a été d'essayer de ne pas faire de ce roman une histoire de guerre. Je pense que nous y sommes parvenus avec Alexandre Sergueïevitch. Malgré tout, c'est une histoire d'amitié, de devoir et de choix. Et, bien sûr, un peu de la magie dont nous avons si désespérément besoin en ce moment.

Lorsque ce livre a été créé, personne ne pensait qu'il susciterait autant d'attention. Surtout au niveau international. J'ai lu un jour dans une publication européenne en ligne que le dernier livre écrit par un enfant sur la guerre était *Le journal d'Anne Frank*. C'est peut-être pour cela que les gens sont intéressés de savoir ce qu'une fille vivant en temps de guerre ressent et écrit. D'autant plus que moi – l'un des auteurs – j'ai maintenant aussi 13 ans, tout comme Anne.

Alexandre Kontorovitch et toi avez écrit un autre roman qui vient tout juste d'être publié, « Le monde qui n'existe pas ». Peux-tu nous dire de quoi parle ce nouveau roman ?

Je ne suis pas très douée pour ce qui est de définir des genres et raconter des synopsis de livres, pour être honnête. Alexandre Kontorovitch considère que notre nouveau roman est une sorte de dystopie pour enfants sur un monde d'horlogerie dans lequel se retrouvent un frère et une sœur. Je ne pensais pas que j'écrirais une dystopie, mais, apparemment, c'est le cas. Le pays des horloges, dans le nouveau roman, ressemble un peu à notre monde, mais il y a une raison à cela. Et au fur et à mesure que les événements se déroulent, le lecteur et les personnages principaux comprendront pourquoi il en est ainsi, tirant eux-mêmes des conclusions et décidant de la manière dont ils veulent voir notre monde, un monde très réel et apparemment familier.

Une année se termine, une nouvelle commence, quel vœu aimerais-tu faire pour la nouvelle année ?

Oui, le Nouvel An et Noël arrivent bientôt… Nous avons même de la neige partout, et c'est beaucoup plus amusant de se préparer pour les fêtes. J'ai beaucoup de souhaits, mais je souhaite généralement des choses que je peux faire moi-même. Je pense que j'ai plus de chances de les réaliser, surtout si je fais un effort. Les rêves, par contre, doivent rester un secret entre le Père Noël et moi. Sinon, ils ne se réaliseront pas.

Tu parles au nom des enfants du Donbass. Beaucoup de gens trouvent une ressemblance avec Greta Thunberg. Qu'en penses-tu ?

Eh bien, je ne parle pas au nom de tous les enfants du Donbass, les médias ont déjà inventé cela. Je veux juste que les adultes nous aident, moi et les autres enfants du Donbass, à vivre en paix. C'est mon opinion personnelle. Et Greta Thunberg… Je ne pense pas que nous ayons beaucoup en commun. Elle est soutenue par les politiciens et la société, elle a des parents riches, alors que je ne suis qu'une adolescente ordinaire qui n'est pas d'accord avec ce qui se passe dans mon pays. De plus, nous avons des façons différentes de voir le monde : Greta exige et menace en mode « Nous ne vous pardonnerons pas », « Nous nous vengerons », alors que je ne veux me venger de personne. Je demande simplement la fin de la guerre, pour que les gens puissent ne pas seulement pleurer, mais aussi se réjouir. Je pense que la colère et l'agressivité ne sauveront pas notre monde, mais lui feront plus de mal.

Quelle est ton attitude envers l'Ukraine et les Ukrainiens aujourd'hui ? N'y a-t-il pas de colère et de haine, comme le prétendent les sites ukrainiens ?

Je m'intéresse peu à ce qui est écrit en Ukraine. Et quelle haine et quelle colère peut-il y avoir ? Après tout, je suis née en Ukraine, même si, plus tard, nous avons pris des chemins différents. De plus, j'ai des amis en Ukraine. Je n'ai pas de haine, mais plutôt de la pitié. Je suis sûr que de nombreux Ukrainiens ne savent pas et ne comprennent pas ce qui se passe dans le Donbass. Ils avaient l'espoir d'une nouvelle vie, mais les choses se sont passées autrement. Et maintenant, il est plus facile pour eux de faire ainsi. Il est plus facile de nous blâmer, de blâmer la Russie, de blâmer tous ceux qui ne sont pas d'accord avec eux, que d'admettre qu'ils avaient tort et que cela a conduit à une guerre civile. Il n'y a donc que de la pitié.

Lorsque tu as interpellé Emmanuel Macron, qu'attendais-tu de cette lettre ?
J'espérais que le Président français répondrait. Apparemment, il était en vacances, donc quelqu'un d'autre au sein de son cabinet a répondu à ma lettre. Et pourtant, de manière inattendue, les médias s'y sont intéressés. Mais peu importe, j'ai réalisé que je m'étais trompée. En tout cas, bonne année au Président français et à son cabinet, et merci pour votre lettre.

Penses-tu que les Français savent ce qui se passe dans le Donbass ?
Je pense que, aussi triste que cela puisse paraître, beaucoup de gens ne s'intéressent pas à notre guerre. Le Donbass est quelque part très loin et presque inexistant. Les gens ne pensent au chagrin des autres que lorsqu'ils ont des problèmes. Et la vérité est remplacée par des mensonges ou mise à l'envers. Cela se produit partout dans le monde. Aujourd'hui, des gens isolés protestent contre la guerre, les gens ont cessé de s'écouter et de s'entendre, et il est plus facile de ne pas s'impliquer. Tout cela est triste.

Que penses-tu de la France ?

J'aime la France. Oui, bien sûr, je ne la connais que par les livres et les films, mais je pense que vous avez de bonnes personnes libres qui y vivent. Pour moi, la France est un pays de grands écrivains, musiciens et artistes.

As-tu peur de la mort ?

J'ai peur. Ce serait étrange de ne pas avoir peur d'elle. Mais j'essaie de ne pas y penser. Cela fait huit ans que je vis en temps de guerre. Et personne ne sait quand cela se terminera. J'ai peur de la mort, mais beaucoup ici y sont habitués. C'est ce qui est effrayant avec la guerre.

Que veux-tu dire à la France ?

La nouvelle année approche et cela signifie que de nouvelles routes, de nouveaux événements et de nouveaux rêves nous attendent. Qu'ils aboutissent et n'apportent que joie et bonheur.

17/01/2022

« Je crois qu'il y a beaucoup de gens bien en Ukraine, mais malheureusement, ils sont encore une minorité »

J'avais beaucoup de travail à faire avant la nouvelle année. Lorsque je suis revenue de Moscou après le lancement de notre livre *Ceux derrière ton épaule*, j'ai dû écrire des textes et des dissertations pour l'école. J'ai donc dû passer des soirées devant l'ordinateur portable et, après l'affaire Mirotvorets, le « flux de nouvelles intelligent » a décidé de remplir mon mur de nouvelles politiques mélangées aux derniers films. Je suppose qu'il a décidé de me faire participer à ses intérêts. C'est ainsi que j'ai découvert qui étaient Julian Assange et Viktor Medvedtchouk[8]. De plus, mes amis publiaient souvent des messages qui me rappelaient sans cesse leur existence.

Il me semblait que le Nouvel An était une fête au cours de laquelle je pouvais féliciter toutes sortes de personnes et leur souhaiter bonheur et bonne chance. Ainsi, sur Telegram, j'ai envoyé des vœux pour Viktor Medvedtchouk et Julian Assange. Ça aurait dû s'arrêter là, enfin, c'est ce qu'il me semblait. Mais, quelques jours plus tard, Viktor Vladimirovitch a répondu à cette humble salutation en publiant sa réponse sur le canal Telegram de son service de presse. Je pense qu'il se soucie autant que moi de la paix dans le Donbass. Je crois qu'il y a beaucoup de

---

8. NdÉ : « [...] homme politique, avocat et oligarque ukrainien. Proche du président russe Vladimir Poutine, il est assigné à résidence en mai 2021 pour haute trahison. Il est arrêté et emprisonné le 12 avril 2022 par les services secrets ukrainiens avant d'être relâché lors d'un échange de prisonniers en septembre de la même année. » Wikipedia.

gens bien en Ukraine, mais, malheureusement, ils sont encore une minorité. J'espère néanmoins que les choses changeront bientôt et que la guerre prendra enfin fin, car un petit pas sur ce chemin de la paix est fait par quiconque se souvient qu'il vaut mieux parler que tirer.

« Chère Faina, merci pour tes vœux, ils me sont très précieux. Tu as raison de dire que toi et moi agissons dans la même direction – pour obtenir la paix dans le Donbass, pour mettre fin aux meurtres et aux crimes de guerre. Je pense que la vie des enfants, et des civils en général, dans le Donbass, est mise en danger d'une manière injuste, erronée et criminelle. C'est pourquoi, comme toi, je suis très mal vu par le gouvernement ukrainien et le parti politique de la guerre. Nous avons tous les deux été mis sur le site Mirotvorets pour cette activité et, de cette façon ils veulent nous intimider, ainsi que les personnes qui nous soutiennent. Seulement, chère Faina, nous sommes soutenus par de si bonnes personnes qui ne se laisseront pas intimider, alors n'aie pas peur non plus. Les personnes qui sont avec nous sont beaucoup plus nombreuses.

La plupart des Ukrainiens ne sont pas du tout comme ça, et le site Mirotvorets lui-même a récemment déclaré qu'il n'avait rien à voir avec l'Ukraine. La plupart des Ukrainiens veulent la paix, contrairement à ces forces extérieures qui poussent le pays vers la haine et la folie. Et ces Ukrainiens suivent ton travail, où tu appelles à la bonté, à la justice et à la noblesse. En ce qui me concerne, c'est ce que tout homme de lettres devrait faire.

J'apprécie beaucoup ton activité créative et publique qui rapproche la paix de notre pays, ta sincérité, ton talent, ta capacité à faire preuve d'empathie et à ne pas avoir peur des accusations de ce que tu n'as pas fait. Oui, certains oncles et tantes sans conscience et sans honneur t'ont inscrite comme faisant partie des ennemis de l'Ukraine et des projets du Kremlin. Ils sont une minorité. Toi, en tant que dramaturge, tu comprends que les personnages négatifs ne font que renforcer les personnages principaux de l'œuvre, les rendre plus brillants, plus courageux, plus forts. Et Dieu lui-même t'a dit de briller davantage, car le nom orthodoxe Faina a des racines grecques et signifie « brillant, resplendissant ». La jeune fille sainte martyre Faina de Corinthe a refusé de servir les idoles païennes sous peine de mort, apportant la lumière aux gens et l'amour du Christ. Comment est-ce que je sais ça ? Faina était le prénom de ma mère, et il m'est très cher.

En ces fêtes de fin d'année, ce sont les hommes de lettres qui nous rappellent la noblesse, la bonté, la justice et le fait que le bien triomphe toujours du mal. Et tu as raison de dire que le roi est nu, misérable, bien qu'il soit stupide et méchant. Et si cela est clair pour un enfant, cela le deviendra vite pour les adultes. Et alors il y aura une fin heureuse au conte de fées. Toi et moi nous nous reconnaissons dans différent contes de fées, comme les bons magiciens professionnels.

Joyeux Noël et bonne année, chère Faina, et paix et bonheur à notre pays ! Dis aux enfants du Donbass que je ferai tout pour eux, et même un peu plus.

Viktor Medvedtchouk »

Faina Savenkova

20/01/2022

Premier livre – impressions

En novembre 2021, Alexandre Kontorovitch et moi-même avons présenté notre premier livre ensemble, *Ceux derrière ton épaule*, au manoir du marchand Nossov à Moscou.

Outre le directeur du manoir, nous avons été aidés par la Bibliothèque d'État russe pour la jeunesse et l'écrivain Evgueni Kharitonov dans l'organisation et le déroulement de notre soirée. Grâce à cette aide, la présentation a été tout simplement magique. Il y a eu beaucoup de questions très inattendues !

Et les réponses à certaines d'entre elles m'ont fait me souvenir encore et encore des différentes étapes du livre. Il décrit à la fois des événements tout à fait réels qui ont eu lieu dans le Donbass et des événements fictifs qui ne se sont pas produits dans la réalité. Cependant… ils pourraient très bien être arrivés et se produire juste ainsi, car la chose fondamentale – le caractère russe – reste la même à tout moment. Deux mois plus tard, j'ai appris que notre roman *Ceux derrière ton épaule* allait être présenté dans l'une des meilleures bibliothèques de Moscou !

Je suis très heureuse que le travail des jeunes auteurs du Donbass commence à être connu en Russie et aide les jeunes Russes à comprendre et à apprendre la vérité sur la guerre dans notre pays. Même s'il s'agit d'un roman fantastique, il est basé sur des événements tout à fait réels.

Merci à Evgueni Kharitonov, à la Bibliothèque d'État russe pour la jeunesse, et à tout le monde !

Faina Savenkova

19/02/2022

Cinq minutes avant la guerre

Ma vie n'est pas si longue, j'ai maintenant 13 ans. En 2014, j'en avais 5, et quand la guerre a commencé, je ne comprenais pas encore grand-chose. Tout ce que j'ai vu, c'est une grand-mère effrayée, une mère désemparée et un père triste. Cet été-là, il faisait très sombre dans notre sous-sol humide, et nous étions terrifiés – terrifiés par les explosions et les tirs. Je pensais alors que la guerre se terminerait rapidement, et que nous vivrions dans la paix et la tranquillité, en construisant nos vies.

Mais huit ans ont passé. J'ai grandi, j'ai commencé à comprendre un peu mieux, et maintenant la guerre est à nouveau aux portes de ma maison, ma chère Lougansk. Non, elle ne s'est pas terminée après toutes ces longues années, j'ai juste espéré que la raison l'emporterait. De nouveau, les gens partent. On entend à nouveau le bruit des obus qui explosent – la voix de la guerre. Je sais que la victoire sera nôtre. Nous resterons debout. Même si nous périssons, notre cher Donbass vivra.

Il n'y a pas de haine dans nos yeux, seulement de la peine pour les disparus et le désir de défendre notre vie et notre liberté, le désir de construire un avenir pacifique. La guerre va définitivement prendre fin, et nous verrons le Donbass magnifique et fleuri.

Faina Savenkova

81

23/02/2022

« Je suis plus proche d'Anne Frank et de la jeune garde que de Bandera et du fascisme »

Nous sommes aujourd'hui le 23 février. Nous avons encore des bombardements. En tant qu'enfant du Donbass, dramaturge et écrivain, j'ai toujours prôné la paix. Pendant tout ce temps, j'ai essayé de sensibiliser l'Europe, l'Amérique et l'Ukraine. J'ai essayé de dire que nous avons tous besoin de cieux paisibles. J'ai beaucoup d'amis en Ukraine, ce sont tous des gens merveilleux et gentils, et je les aime beaucoup, mais, malheureusement, ils ne sont pas entendus comme moi.

Maintenant sont au pouvoir en Ukraine ceux qui ont tué mon peuple pendant la Grande Guerre patriotique. Juste parce qu'ils ne parlent pas et ne pensent pas comme il faut. Ceux qui ont torturé et cousu des étoiles jaunes sur leurs vestes les ont gazés dans des chambres.

Je suis à Lougansk. C'est ma ville natale bien-aimée, et c'est la deuxième fois dans ma courte vie que j'y ai vécu un bombardement. Oui, j'ai très peur, car je ne suis qu'une enfant. Mais je ne peux pas me taire quand nos villes sont bombardées avec une telle brutalité, quand des groupes subversifs y sont envoyés et que des attentats terroristes sont commis. Nous ne sommes pas des terroristes, nous sommes des citoyens de républiques qui ont fait leur choix. J'ai pris ma décision. Un écrivain doit s'exprimer en temps de guerre.

Faina Savenkova

08/03/2022

Pas de changement sur le front occidental

L'année dernière, lorsque la confrontation avec le site Mirot-vorets a commencé, j'ai espéré que l'Unicef, l'Europe et l'ONU ne permettraient pas que cela arrive à des gens. Mais maintenant… je réalise qu'il n'y a plus de médias européens et américains. Il n'y a pas de liberté dans ces coins du monde. Malheureusement, maintenant il y a nous et eux. Et c'est la réalité. J'entends souvent dire que la Russie est le Mordor, mais nous, disent-ils, sommes l'Europe éclairée. Mais qu'êtes-vous maintenant ? Je ne veux pas décrire ce qui s'y passe actuellement. C'est parfaitement clair dans les nouvelles. Je peux seulement dire que les feux de livres et de tambours brûlés se profilent comme des fantômes sur les places. La télévision et la propagande font leur travail.

Je ne parlerai pas de l'Ukraine, tout y est clair, mais je peux vous parler des pays où j'ai des amis journalistes. En République tchèque, il y a eu une attaque absolue contre les communistes, des sanctions pénales sont appliquées pour avoir aimé ou dit que la Russie n'est pas l'agresseur. Mon ami Jaromir ne peut plus dire la vérité et est maintenant en danger.

En Italie, beaucoup de mes amis – russes et italiens – sont menacés simplement pour avoir couvert l'actualité différemment et ne pas avoir soutenu la guerre dans le Donbass qui a commencé en 2014. Les universités italiennes interdisent l'enseignement des classiques russes : Dostoïevski, Tolstoï, Tourgueniev, simplement parce qu'ils sont russes. Et cela dans ma chère Italie, la même Italie que la Russie a aidé à surmonter l'épidémie de coronavirus. Et aux États-Unis, ils ont créé un homologue de Mirotvorets, qui inclut ceux qui, en Italie, soutiennent Poutine.

L'Occident revient au Moyen Âge, avec ses feux de l'Inquisition et la persécution des indésirables. Pouvez-vous imaginer la Russie interdisant l'étude des œuvres de Goethe, Hemingway ou Dante ? Moi, pas. Je suis désolée que cela se passe ainsi. Le monde éclairé n'aimait pas les Juifs, puis les Noirs, et maintenant c'est le tour des Russes.

Le monde ne sera plus ce qu'il était. Il y a nous et il y a eux. Et vous ne pouvez plus rester les bras croisés.

Faina Savenkova

21/03/2022

La face cachée de la Lune

Bonjour M. Waters ![9]

J'ai lu votre réponse à une jeune Ukrainienne et j'ai compris deux choses : la première est que, malheureusement, les médias et les politiciens occidentaux ignorent la vérité et ne disent que ce qui les arrange, et la seconde est qu'ils essaient de vous tromper, M. Waters. La politique, c'est de la fange. Et lorsque les politiciens – quel que soit le pays – ne peuvent pas résoudre un problème de manière pacifique, les militaires interviennent.

Je m'appelle Faina. Je suis un peu plus jeune qu'Alina – 13 ans. Et je pourrais aussi vous demander de me parler de la guerre en Ukraine. Pas celle qui a commencé fin février, mais celle qui dure depuis huit ans et dont, apparemment, cette fille ne se rendait pas compte.

Depuis huit ans, l'Ukraine bombarde le Donbass, tuant régulièrement des civils – personnes âgées, femmes et enfants. Et pendant tout ce temps, cette fille, Alina a été indifférente à nos vies. M. Waters, je ne vous demanderai pas de nous comprendre, nous, les habitants du Donbass, mais, comme vous, nous voulons la paix plus que tout au monde. C'est notre plus grand rêve depuis longtemps, simplement parce que nous savons ce que c'est que de vivre dans l'attente d'un

---

9. NdÉ : il s'agit de Roger Waters, cofondateur des Pink Floyd. En mars, il écrit une lettre ouverte à Alina Mitrofanova, une Ukrainienne de 19 ans, dans laquelle il condamne « l'invasion de l'Ukraine par Poutine ».

nouveau bombardement. Si vous pensez que Poutine a atta-qué l'Ukraine, acceptez la vérité – l'Ukraine et l'Occident nous ont tués pendant huit ans et désormais la Russie protège nos vies. Est-ce que quelqu'un en parle ?

Cela fait maintenant trois ans que je me bats pour la paix. À cause de cela, mes données personnelles ont été publiées sur le site ukrainien Mirotvorets et j'ai reçu des menaces de mort de la part de nationalistes, qui, selon Alina, n'existent pas en Ukraine. Aujourd'hui, mes amis journalistes qui vivent en Ukraine et demandent l'arrêt des bombardements contre le Donbass sont contraints de se cacher en raison des persécutions dont ils font l'objet de la part des mêmes nationalistes et du gouvernement ukrainien.

M. Waters, je ne vous demande pas de changer d'avis sur ce qui se passe actuellement en Ukraine. Seul le temps peut mon-trer ce qui était bien et ce qui était mal, mais vous ne pouvez pas cacher la vérité. Le mur de mensonges va inévitablement s'effondrer.

Je vous souhaite force et santé, et vous demande de ne pas interdire vos œuvres en Russie. Tout simplement parce qu'en ces temps difficiles, vos chansons aident à croire que la guerre va se terminer et que la vie gagnera, elles aident de nombreuses personnes à faire face au désespoir. Il ne peut y avoir de paix à l'extérieur sans paix dans le cœur. Merci.

Sincèrement,
Faina Savenkova,
13 ans, écrivain et dramaturge, Lougansk

07/04/2022

Être russe

L'opération militaire russe dans le Donbass a divisé le monde. Encore une fois. Je pense que beaucoup, si ce n'est tous, étaient préparés à cela, mais dans cette histoire, il y a ceux dont il n'est pas coutume de parler. Et, étonnamment, ce ne sont pas les habitants du Donbass eux-mêmes.

Curieusement, les principales victimes de la haine générale du monde occidental ont été les enfants. Les enfants russes qui vivent en dehors de la Russie et sont victimes de harcèlement uniquement en raison de leur origine. Non, je ne sous-entends rien, mais il y a lieu de se demander si l'Europe est aussi tolérante et démocratique qu'elle veut le paraître.

Je ne veux pas accuser qui que ce soit de quoi que ce soit et je ne veux pas faire l'éloge de quoi que ce soit. Pour l'instant, je veux juste soutenir les personnes qui se trouvent dans une situation difficile, tout comme j'ai été soutenue autrefois.

Nous avons tous dû apprendre trop tôt que le monde peut être cruel et injuste, et que la vie est parfois pleine de tristesse. C'est encore plus frustrant si toute cette cruauté et cette injustice vous sont adressées simplement parce que vous êtes différent en raison de vos origines, de votre nom de famille ou de la couleur de votre peau. Cela ne devrait pas être le cas, mais cela existe néanmoins.

Cependant, le choix de la manière d'agir nous appartient toujours. Il est possible de désespérer. C'est tout à fait compréhensible et je ne pense pas que quiconque sera jugé. Nous pouvons tous être faibles à certains moments. Et c'est le choix le plus facile. Ou nous pouvons essayer de garder le moral. C'est beaucoup plus difficile, car l'attitude des personnes qui vous entourent ne changera pas. Ou plutôt, elle peut changer si vous montrez par votre propre exemple qu'être russe n'est pas une question d'agressivité. Être russe, c'est faire preuve de justice, de bonté, surmonter toutes les difficultés et être capable de faire l'impossible pour réaliser ses rêves. Être russe, c'est être fort d'esprit.

Faina Savenkova

20/04/2022

Une jeune auteure s'adresse au pape François

Votre Sainteté,

Je m'appelle Faina Savenkova. Je vis dans le Donbass, dans la ville de Lougansk, où la guerre dure depuis huit ans. Mon histoire est connue de beaucoup de gens dans le monde.

En 2014, lorsque la guerre a commencé, j'avais cinq ans. C'est aussi à cette occasion que j'ai appris ce qu'était un bombardement par l'artillerie ukrainienne : ma grand-mère se trouvait à côté du bâtiment administratif le 2 mai 2014, lorsqu'un avion des FAU a bombardé un quartier paisible du centre de Lougansk.

Depuis 2019, je me bats pour la paix. J'ai fait appel à l'ONU, au président français Emmanuel Macron, au Premier ministre italien, au président Zelensky, pour arrêter la guerre, mais, au lieu de cela, les frappes d'artillerie sur Donetsk et Lougansk continuent. Les nationalistes ont de plus en plus de pouvoir en Ukraine. Des éléments comme les régiments Azov, Aïdar et bien d'autres ont tué des civils et des personnes désapprouvant les actions des autorités ukrainiennes. Je pense que vous savez qu'ils sont interdits dans différents pays.

Il me semble que Dieu ne sera jamais avec ceux qui professent la destruction et la supériorité de certains sur d'autres. Pendant tout ce temps, j'ai demandé au Seigneur d'aider et d'arrêter cette guerre, de donner un sens à beaucoup de choses en Occident et en Ukraine, parce que je crois en Dieu, comme vous. C'est le seul qui m'a aidé à survivre aux bombardements.

Je lis que les combattants de l'armée ukrainienne et les fascistes du régiment d'Azov, piégés par l'armée russe et l'armée de la RPD, se sont tournés vers vous. Je vous demande de prier pour qu'ils se rendent et répondent de ce qu'ils ont fait, car ils ont le sang de nombreux civils sur les mains.

Bien sûr, le moyen le plus facile est de tout mettre sur le dos de la Russie, mais elle a attendu et défendu le Donbass depuis huit ans. Pendant tout ce temps, la Russie et nous avons écouté les promesses de l'Ukraine, assis sous les bombardements et voyant la mort des autres. Les choses sont différentes maintenant. La Russie sauve le Donbass et l'Ukraine en détruisant ceux qui nous ont malmenés pendant tout ce temps.

Votre Sainteté, comme je l'ai lu, bien que mes connaissances en la matière soient encore limitées, le Vatican a toujours été contre le fascisme. Maintenant, il y a ceux qui sont enfermés dans l'usine de Marioupol et qui haïssent non seulement les Russes, mais aussi les personnes d'autres confessions, d'autres nationalités. Ils ne font pas seulement l'éloge d'Hitler, ils reprennent ses idées. Aidez ces personnes à prendre la bonne décision – se rendre et être justement punies pour ce qu'elles ont fait.

Avec tout mon respect pour vous,
Faina Savenkova
(écrivain, dramaturge, listée par les nationalistes
sur le site Mirotvorets, 13 ans)

Traduction de la réponse du Pape :

Bonjour Faina.

Le Secrétariat d'État a reçu la lettre que tu as récemment adressée au Saint-Père.

Le Pape François n'est pas indifférent à la détresse des gens, en particulier de ceux qui souffrent et qui traversent des moments difficiles.

Sa Sainteté, confiant toute l'humanité au Seigneur, t'invite à te joindre à ses prières pour la paix dans le monde.

Salutations de Pâques
Monseigneur L. Roberto Cona

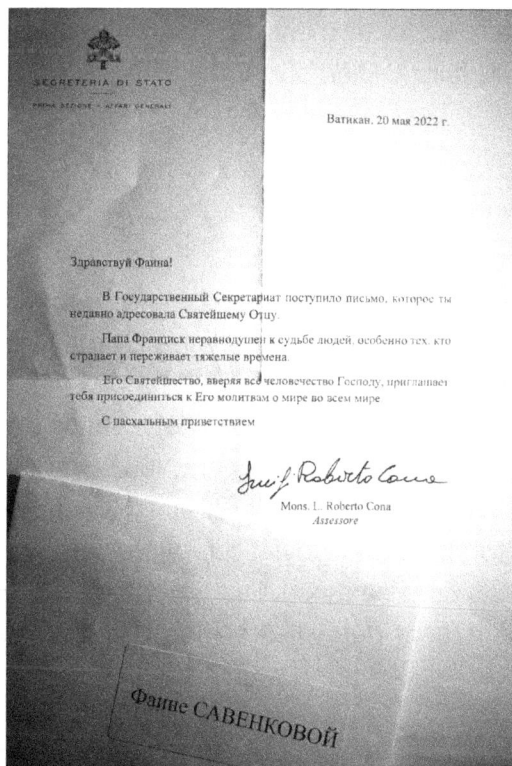

SEGRETERIA DI STATO

Ватикан, 20 мая 2022 г.

Здравствуй Фаина!

В Государственный Секретариат поступило письмо, которое ты недавно адресовала Святейшему Отцу.

Папа Франциск неравнодушен к судьбе людей, особенно тех, кто страдает и переживает тяжелые времена.

Его Святейшество, вверяя всё человечество Господу, приглашает тебя присоединиться к Его молитвам о мире во всем мире.

С пасхальным приветствием

Mons. L. Roberto Cona
Assessore

Фаине САВЕНКОВОЙ

23/04/2022

Lettres du front

Bonjour, arrière-grand-père Vassili !

Nous sommes de nouveau réunis à la veille du jour de la Victoire. Et je veux te demander pardon. Pardonne-nous de ne pas avoir agi, d'avoir oublié ton exploit et les héros de la guerre. Dans nos éternelles disputes, nous avons perdu l'essentiel, notre histoire. Après tout, vous avez défendu Moscou, gelé dans les marais de Biélorussie, libéré Prague. Et maintenant, ils disent que c'était en vain. Que ta victoire était une occupation, que Leningrad aurait pu se rendre, que je devrais avoir pitié des nazis, et que la parade de la Victoire, c'est du « culte de la victoire ». Est-ce que je peux le faire ? Bien sûr que non !

Bonjour, grand-père Miron !

On m'a raconté comment tu as chassé les banderistes à travers les forêts d'Ukraine sans penser au sommeil ou à la chaleur. Libérant et progressant lentement. Tu as vu des villages brûlés par eux et des enfants tués. Tu t'es débarrassé de cette racaille, sans épargner ta vie. Et maintenant, leurs descendants disent qu'ils sont des héros. Et je dois dire : « Gloire aux héros » et te désavouer, toi, le soldat soviétique. Ils disent qu'ils ont gagné la guerre, mais comme avant, ils combattent des enfants et des vieillards, détruisent des villes et des villages, laissant derrière eux de la terre brûlée et de la cendre sur leurs bottes... Peut-il en être ainsi, si seulement soixante-dix-sept ans se sont écoulés depuis la Victoire ? C'est possible. Désolé, nous n'avons pas pu tous les éliminer.

Bonjour, arrière-grand-mère Elsa !

Je suis désolée, car l'étoile jaune est de nouveau à la mode, mais cette fois pour les Russes. Maintenant, ils disent qu'un Russe n'est pas un libérateur, mais un sous-homme. Comme c'est familier ! Ils disaient la même chose de toi pendant les pogroms à Lvov et Kiev. Qui leur a donné le droit de décider qui est digne d'être appelé un homme et qui ne l'est pas ? Nous l'avons fait. Par notre indifférence à l'égard de notre histoire.

Bonjour, soldat russe !

Pardonne-nous de ne pas être capables de préserver notre monde de la guerre. Nous sommes devenus complaisants et avons pensé que la paix était éternelle et que la liberté était donnée sans combat. Il s'est avéré que ce n'était pas le cas. Le fascisme est partout autour de nous. Il défile à nouveau sur notre territoire, brandissant ses drapeaux et chevrons d'Azov, d'Aïdar et de Secteur Droit. Il est tout autour de nous. Il est déjà là. Et c'est pourquoi tu es à nouveau dans les rangs, comme tu l'étais en cette terrible année 1941. Tu es tchétchène, bachkir, ossète, abkhaze, ukrainien, bouriate ou biélorusse. Tu es un soldat russe, qui que tu sois ! Tu es venu défendre ceux qui sont faibles et sans défense. Tu es venu pour gagner. Encore et encore. Comme autrefois dans les tranchées de Stalingrad, aujourd'hui dans les steppes du Donbass.

Cette guerre sera aussi dure qu'elle l'était alors. Tout le monde ne restera pas en vie jusqu'à la victoire, mais le fascisme sera détruit et ne relèvera plus jamais la tête. Je crois que la victoire viendra. Les villes reconstruites d'Ukraine et du Donbass célébreront le 9 mai. Kiev, Donetsk, Lougansk, Odessa, Slaviansk, Kharkov, Dnipropetrovsk et d'autres villes auront une parade, où, comme il y a de nombreuses années, la bannière de la victoire sera portée. Et les drapeaux de cette Ukraine nazie seront jetés au pied des monuments des héros. Et nous attendrons cette victoire.

Faina Savenkova

29/04/2022

Ma réponse à Ella, de la lointaine Allemagne

Bonjour, Ella !

Mon nom ne te dira rien, car il n'est pas dans vos habitudes de vous souvenir d'enfants comme moi. Oui, je suis une enfant de la guerre. Je vis dans le Donbass, à Lougansk. C'est une ville, comme Damas, Kaboul ou Tripoli, touchée par la guerre. Nous sommes des enfants de la guerre – nous existons. Nous ne sommes pas des réfugiés, nous sommes ceux qui ont vécu sous les bombardements pendant la majeure partie de leur vie. Nous sommes habitués à vivre en nous endormant avec une prière.

Oui, je n'ai qu'un an de plus que toi – j'ai 13 ans – mais je sais ce que sont la guerre et la brutalité. Tu parles des réfugiés venant d'Ukraine. Qu'en est-il des enfants du Donbass, de Syrie, de Libye ? Sont-ils sur ta liste ? J'en doute. Après tout, il y a l'insidieux Poutine, celui qui a commencé la guerre en Syrie, en Libye et qui nous tue, nous, les habitants du Donbass, depuis huit ans maintenant... Oh oui, aussi en Yougoslavie. Et, bien sûr, c'est lui qui a envoyé son armée dans ma ville natale de Lougansk et qui a tiré sur un quartier paisible depuis un avion en juin 2014... Ella, je suis vraiment désolée que tu sois trompée par des adultes. Peut-être ont-ils pitié de toi et c'est pourquoi ils ne veulent pas te dire la vérité brutale ? Ou peut-être pour une autre raison. Je ne sais pas. Mais, pendant tout ce temps, ma famille et moi avons été bombardés par mon armée, car je suis née en Ukraine, et les FAU étaient alors l'armée de mon pays. Tu y crois ? Je ne pense pas. Je ne le croyais pas non plus à l'époque.

Nous pensons toutes les deux que les droits des enfants doivent être protégés, mais je sais que les adultes ne peuvent plus le faire. Les gouvernements et les fondations qui sont censés nous protéger nous aident-ils lorsque tu es en réel danger ? Peux-tu les influencer ? Il y a un an, pour avoir appelé à la fin de la guerre et de la folie, mes données personnelles ont été publiées sur un site web appelé Mirotvorets. Que penses-tu que ce soit ? Il s'agit d'un site nationaliste ukrainien où l'on t'accuse de trahison sans procès et où l'on publie ton adresse, ton numéro de téléphone et ta photo pour les criminels du monde entier. Et comment l'Unicef et l'ONU ont-ils réagi ? Ils ont exprimé leur inquiétude. C'est tout. Je pense que nous pouvons vivre avec ça. Les enfants de la guerre ne sont pas habitués à l'indifférence des adultes.

Ella, crois-tu que ce soit possible en Allemagne ? Je ne pense pas. Mais en Ukraine, le meurtre, la persécution et le harcèlement des enfants par le gouvernement ukrainien est non seulement possible, mais il est encouragé par ce gouvernement.

Je souhaite vraiment que ni toi ni les autres enfants ne sachiez jamais ce que sont le fascisme et la guerre, comme nous. Mais si tu veux vraiment défendre les droits des enfants et voir de tes propres yeux les conséquences de leur violation, je t'invite à Donetsk ou à Lougansk, dans l'allée des anges, où se trouvent des monuments aux enfants tués par l'agression ukrainienne.

Ella, je veux te souhaiter la paix, mais je veux aussi te dire que tu as tort. Nous ne sommes pas une génération perdue. C'est nous qui apprécierons plus que quiconque un ciel paisible au-dessus de nos têtes et la vie humaine.

Faina Savenkova

Элла (Гамбург) / Фаина (Луганск)

27/05/2022

Aux enfants du monde à l'occasion de la Journée mondiale de l'enfance

J'ai passé la moitié de mon enfance en temps de guerre. Et cela fait trois ans que j'essaie de me faire comprendre des adultes. Politiciens, personnalités religieuses et culturelles… J'essaie de leur expliquer ce qui se passe, mais, comme d'habitude, les adultes écoutent, mais ne sont pas pressés de faire quoi que ce soit. La guerre continue, des enfants sont tués, des adultes sont tués. Et moi, malheureusement, je suis impuissante ici. Nous, les enfants du Donbass, avons vécu ce que les enfants d'Ukraine vivent actuellement. Nous connaissons cette peur. Il m'est difficile de donner des conseils aux enfants d'Ukraine, mais en tant qu'enfant qui a vécu huit ans de guerre et a vu les horreurs de ce qui se passe, je leur souhaite d'être forts, de ne pas devenir amers et de ne pas apprendre à haïr. C'est la chose la plus importante. Nous le savons. Et la guerre prendra inévitablement fin.

Il y a beaucoup d'injustice dans le monde, mais nous – les enfants – essayons de ne pas la remarquer. Il faut donc parfois poser des questions. Par exemple, que savez-vous du Donbass ? Ou que savez-vous des enfants morts lors de conflits militaires ? Connaissez-vous le nom de Kirill Sidoriouk ? Et que savez-vous de Milica Rakic, qui fut tuée par des bombes à fragmentation en Serbie ? Connaissez-vous les noms de ces enfants et leur destin ? Je ne pense pas. Alors je vous le dirai : ils sont morts pendant des guerres menées par des adultes.

Nous avons une guerre dans le Donbass depuis huit ans, et personne ne le remarque. Pour l'Europe, la guerre a commencé en février 2022 ; pour nous, elle a commencé en 2014. Il est peu probable que vous en entendiez parler sur les chaînes de télévision ou par des hommes politiques connus. Mais je crois que la vérité va définitivement gagner. Les enfants du monde seront définitivement amis et il y aura de moins en moins de guerre. C'est mon rêve. C'est peut-être puéril, mais j'aimerais tellement que les enfants du monde ne vivent jamais ce que les enfants de la guerre ont vécu et que le 1er juin soit simplement un jour férié. Et que lorsque je serai grande et que j'irai dans l'allée des anges à Donetsk ou à Lougansk déposer des fleurs sur le monument, je ne verrai pas de nouveaux noms d'enfants morts dans cette guerre.

Faina Savenkova

07/06/2022

Faina Savenkova à Olaf Scholz : « Le meurtre d'enfants durant les huit dernières années n'est pas un génocide ? »

Il y a un an, j'ai demandé au Conseil de sécurité des Nations Unies et à l'Unicef d'aider à mettre un terme au massacre d'enfants par l'Ukraine dans le Donbass. Puis il y a eu une lettre adressée au président Zelensky, au président français Macron, au pape François, à Roger Waters. Et maintenant, le chancelier allemand Olaf Scholz. En essayant de leur tendre la main, en tant que politiciens et personnalités publiques sérieuses, je ne voulais qu'une chose : être entendue. Pour que cesse le massacre des civils à Donetsk et Gorlovka. Mais, malheureusement, le Chancelier est très occupé et le Président Macron est en vacances. Ce sont leurs assistants et conseillers qui me répondent. Peut-être que je fais tout pour rien. Je ne sais pas. Mais j'aimerais croire qu'en dehors des politiciens et des médias, il y a des gens ordinaires qui ne veulent pas de la guerre. Ni en Allemagne, ni en Europe. Et un jour, ils découvriront sûrement que pendant tout ce temps, leurs gouvernements leur ont dit des mensonges. Eh bien, je vais continuer à me battre et à écrire. Peut-être que quelqu'un entendra mon appel et que cela sauvera au moins la vie d'un enfant dans le Donbass.

Faina Savenkova

Au Chancelier fédéral de l'Allemagne, M. Scholz

Bonjour, M. Scholz !

Mon nom est Faina. Je vis à Lougansk, j'écris des pièces et des histoires, et j'essaie de lutter pour la paix.

Il y a huit ans, le 26 mai 2014, la guerre a éclaté dans mon pays natal. Et, le 2 juin, un avion ukrainien a bombardé ma ville natale. Pendant tout ce temps, l'Allemagne et la France ont joué le rôle de garants de la paix, mais sont restées incapables de faire quoi que ce soit.

Dans l'une de vos interviews, vous avez déclaré qu'il n'y avait pas de génocide dans le Donbass et que ce qui se passait n'était pas un génocide du peuple russe. Le meurtre d'enfants durant les huit dernières années n'est-il pas un génocide ? Et l'interdiction de la langue russe, la démolition des monuments à Pouchkine, Tchekhov, Boulgakov ? N'est-ce pas un génocide ? L'extermination et l'arrestation de personnes qui ne sont pas d'accord avec les autorités – n'est-ce pas du fascisme ? L'existence du site Mirotvorets n'est-elle pas une violation des droits de l'homme ?

Je suis une enfant de 13 ans, et il m'est très difficile d'avoir une quelconque influence sur la situation, je dois donc demander de l'aide aux adultes. Monsieur Scholz, je voudrais vous demander votre aide et vous dire que vous ne devriez pas fournir d'armes à l'Ukraine, car cela ne fera que des victimes supplémentaires.

Nous sommes peut-être considérés comme des séparatistes en Europe, mais imaginez un peu si demain une région d'Europe voulait parler d'autonomie. Et imaginez qu'au lieu de négocier avec eux, le gouvernement allemand ou britannique, par exemple, envoie une armée contre eux et commence à bombarder la capitale de cette région. Pouvez-vous imaginer une telle chose en Europe ?

J'aimerais vraiment que l'Allemagne ne s'implique pas dans cette guerre, mais qu'elle aide à résoudre le problème de manière pacifique et qu'elle puisse influencer le président de l'Ukraine pour qu'il vienne à la table des négociations.

Les enfants ne peuvent pas dire aux adultes ce qu'ils doivent faire. Mais ils ont le droit d'avoir leur point de vue. Et de demander de l'aide.

Faina Savenkova

22/06/2022

Faina Savenkova au journaliste Tucker Carlson : « La vérité est la voie pour sortir du chaos »

Bonjour Tucker,

J'ai 13 ans et je vis à Lougansk. Je pense que de nombreuses personnes au sein du pouvoir américain ne savent même pas où cela se trouve, mais continuent à fournir des armes à l'Ukraine pour la guerre avec la Russie. Depuis une semaine, l'artillerie ukrainienne bombarde impitoyablement Donetsk, tuant des civils dans le Donbass. C'est une chose de partir en guerre avec l'armée, mais c'en est une autre de simplement bombarder des écoles, des maternelles et des résidents endormis. Beaucoup diront qu'il s'agit de mensonges et de propagande, mais ce n'est pas le cas. Je suis née et je vis à Lougansk. J'ai passé toute la guerre – depuis 2014 – dans ma ville natale. Vivre huit ans de guerre, c'est très dur. C'est très effrayant quand on passe son enfance dans de telles conditions. Huit ans d'espoir pour une paix qui n'est jamais venue. Mais ça ne m'a pas brisée. Je continue à dire la vérité sur ce qui se passe. Et je sais que vous faites la même chose quand vous parlez de l'Amérique. Je ne vous considère pas comme un ami de la Russie, mais le fait que vous disiez la vérité et que vous ne vouliez pas de guerre avec la Russie me réjouit. Après tout, s'il y a une guerre nucléaire, il n'y aura pas de gagnants.

Je pense que si M. Trump était au pouvoir aux États-Unis en ce moment, il serait en mesure de négocier avec le président russe. J'en suis convaincue.

J'ai été amenée à solliciter de nombreux dirigeants mondiaux. J'ai essayé pendant trois ans d'arrêter la guerre, mais eux, comme les musiciens avec les politiciens, sont sourds et muets. Peut-être que certains d'entre eux veulent vieillir en paix, d'autres ont peur du changement, et d'autres encore ne comprennent tout simplement pas ce qu'est la guerre. Après tout, cela ne se passe pas près de chez eux.

L'année dernière, des nationalistes ukrainiens ont mis mes données personnelles sur le site Mirotvorets et les ont rendues publiques. Après cela, j'ai commencé à recevoir des menaces. Vous vous demandez peut-être : « Qu'est-ce que Mirotvorets ? » En effet, de nombreuses personnes aux États-Unis ne savent pas ce que c'est. En comparaison, imaginez que le Ku Klux Klan crée un site web aux États-Unis et affiche les adresses, les comptes bancaires et autres détails personnels de tous les politiciens, acteurs et musiciens qui ne sont pas d'accord avec lui. Et le gouvernement les aiderait. C'est ce qui se passe actuellement en Ukraine. Beaucoup de mes amis en Ukraine ont été confrontés au même problème : Mirotvorets a publié leurs données personnelles, y compris leur adresse et leur numéro de téléphone. Pouvez-vous imaginer une telle chose aux États-Unis ? Non.

Il m'est difficile de dire ce qui m'arrivera demain. Après tout, je vis une guerre où les obus arrivent tous les jours. Mais je crois que la guerre prendra fin, tout comme la confrontation entre la Russie et les États-Unis. Et, personnellement, Tucker, je veux vous souhaiter bonne chance. Merci d'essayer de dire la vérité, car quelqu'un doit le faire. Si c'est le chaos tout autour, il faut des gens qui puissent montrer le chemin aux autres.

Faina Savenkova

01/07/2022

Plus tu grandis, plus tu réalises
que le monde est injuste

Plus tu grandis, plus tu réalises que le monde est injuste. Lorsque la guerre a éclaté chez nous il y a huit ans, peu de gens auraient pu imaginer qu'au lieu du pays pacifique qu'est l'Ukraine, ses autorités le rendraient misérable et déchiré, avec une haine féroce des habitants les uns envers les autres. Mais c'est arrivé. Cette Ukraine – avec sa littérature russe, ses grandes réalisations et son attitude normale les uns envers les autres – ne sera plus jamais la même. De même qu'il n'y aura plus d'Occident de légende, avec une histoire, la liberté et des gens en qui croire et s'efforcer d'être comme eux. Musiciens, acteurs, présentateurs, politiciens… Ils sont tous pareils.

Le monde lui-même change. La télévision remplace vos promenades sous la pluie et internet remplace vos livres. Pourquoi lire quand on peut regarder un film ? Pourquoi s'alphabétiser ? Il suffit de savoir compter jusqu'à 100 et faire une croix. Cela a déjà été fait. Et c'est probablement un monde très confortable pour certains, mais pas pour ceux qui se souviennent de ce que c'est que de poser les bonnes questions. Parce que les poser peut détruire le monde en carton qu'on nous encourage à croire réel.

C'est le cas de Julian Assange, qui est devenu un exemple pour beaucoup. Il était celui qui n'avait pas peur et déclarait ouvertement que les gens ont le droit de connaître la vérité, brisant ainsi l'illusion familière et si ordinaire. Il a ouvert une brèche dans ce mur de carton minutieusement construit, au prix de sa vie « normale ». Qu'elle ne soit pas vaine, et d'autres qui souhaitent vivre dans la vérité élargiront ce fossé d'horizon en horizon.

Et je continuerai à essayer de briser, brique par brique, le mur d'informations avec lequel ils essaient d'enfermer le Donbass. Et avec le temps, il tombera assurément.

Faina Savenkova

Bonjour, M. Assange !

J'ai longtemps réfléchi à la manière de commencer cette lettre... Au fil des ans, j'ai écrit de nombreuses lettres à des présidents, des hommes politiques et des artistes en Europe et aux États-Unis. Même au Pape. On m'ignorait et on me rejetait, sauf les secrétaires et les petits fonctionnaires qui répondaient par des réponses formelles. Mais j'ai continué à écrire et à solliciter. Tout ça pour une seule chose : aider à arrêter la guerre dans le Donbass et influencer l'Ukraine pour qu'elle ne tue plus les enfants à Donetsk et Lougansk, Makeyevka et Pervomaisk. Beaucoup de gens disaient que je le fais pour rien. Je perds mon temps.

En les écoutant, je me suis souvenue de vous parce que vous étiez et êtes un exemple pour moi. Vous auriez pu ne rien dire au monde de ce que faisait l'Amérique et simplement garder le silence et vivre tranquillement, comme l'ont fait de nombreux journalistes. Mais la vérité est nécessaire. Et la chose la plus facile et la plus difficile à la fois est de la dire aux gens.

Vous êtes devenu un exemple pour beaucoup, y compris pour moi. Merci pour votre honnêteté, pour votre force de volonté et pour ne pas avoir craqué sous les coups du sort. Merci d'avoir su donner la force de combattre l'injustice. Que Dieu vous bénisse, vous et votre famille.

Faina Savenkova,
13 ans, Lougansk

© Cancillería del Ecuador / Commons Wikimedia

Je voulais que les Américains connaissent la vérité

Interview publiée avec l'aimable autorisation de *Deborah Armstrong*

Si vous demandez à la plupart des adolescents aux États-Unis ou en Europe ce qu'ils aiment faire, ils vous répondront probablement qu'ils aiment jouer à des jeux vidéo comme *Call of Duty*, où ils font semblant d'être en guerre. Pour eux, la guerre est un jeu. Une façon divertissante d'occuper leur temps après l'école ou pendant les week-ends. Pour Faina Savenkova, 13 ans, la guerre n'est pas un jeu, mais une réalité quotidienne terrifiante à laquelle elle est confrontée depuis huit longues années. Il y a deux semaines, j'ai écrit pour la première fois sur Faina, l'enfant-écrivain de l'est de l'Ukraine. Elle vit la guerre depuis l'âge de cinq ans. Elle a commencé à écrire sur le sujet à l'âge de dix ans, pour faire face à la peur quotidienne des bombardements. Elle espère que ses écrits attireront l'attention sur le sort d'autres enfants dans la région du Donbass, déchirée par la guerre, où elle vit.

En Occident, la plupart des gens semblent croire que la guerre en Ukraine a commencé en février 2022, lorsque les forces russes ont franchi la frontière pour la première fois. Et les médias grand public donnent à cette guerre un aspect simpliste et bidimensionnel, comme dans une bande dessinée, avec des « méchants » et des « gentils ». Comme si les Russes étaient des orques du Mordor et que le président Vladimir Poutine était un fou maléfique qui a envahi l'Ukraine sans autre raison que sa haine bouillonnante de l'humanité et son désir de domination mondiale.

Comme on le dit, la vérité est la première victime de la guerre.

En réalité, de nombreuses personnes vivant dans l'est de l'Ukraine ont supplié Poutine d'intervenir pendant des années avant qu'il ne cède finalement. Et, pendant ces années, les habitants du Donbass ont vécu dans leurs sous-sols pendant que les nationalistes ukrainiens, qui idéalisent les meurtriers de masse comme Stepan Bandera et Roman Choukhevitch, bombardaient leurs maisons, églises, écoles, marchés et autres lieux civils. Les habitants russophones de l'est de l'Ukraine sont attaqués par les forces ukrainiennes, soutenues par les États-Unis et l'Otan, depuis le coup d'État du Maïdan, qui a déchiré l'Ukraine en 2014. Pas plus tard que la semaine dernière, les forces russes ont finalement sécurisé la totalité de la région de Lougansk, l'arrachant au contrôle ukrainien. Mais la guerre fait rage à Donetsk et dans d'autres régions de l'est de l'Ukraine, et des civils continuent de mourir, dont de nombreux enfants.

Faina veut que les Américains sachent ce qu'elle et les autres enfants des républiques populaires sécessionnistes de Lougansk et de Donetsk endurèrent pendant tout ce temps. Je lui ai parlé par texto sur VKontakte, un site de médias sociaux russe où nous avons fait connaissance. Je l'ai également invitée à écrire une lettre ouverte au peuple américain, que je vais inclure dans cet article. Voici notre conversation, traduite du russe.

Deborah Armstrong

Quel âge avais-tu lorsque la guerre a commencé, et quels sont tes premiers souvenirs de la guerre ?

Quand la guerre a commencé, j'avais cinq ans. Mes premiers souvenirs sont le grondement effrayant, le sous-sol sombre, les chiens et les chats abandonnés qui erraient dans les cours et les rues. À cet âge, tu perçois tout différemment. Tu n'as pas le sentiment de peur qu'ont les adultes. C'est probablement parce que tu ne comprends pas que tu peux mourir. Alors tu restes là, à compter les explosions, à étudier une araignée qui tisse sa toile dans un coin de la cave humide, en priant pour que cela se termine rapidement.

Comment la guerre a-t-elle changé ta vie ?

Je suis devenue plus concentrée. Après tout, vivre en temps de guerre, c'est savoir à tout moment que l'on peut être tué. Un missile ou un obus peut arriver, même si vous vivez à la périphérie de la ville. On m'a demandé un jour quelle était la différence entre les enfants vivant en temps de guerre et les enfants d'Europe ou des États-Unis. J'ai répondu que nous n'étions pas très différents, sauf que nous sommes pressés de vivre, de ne pas remettre les choses à demain. Parce que ce « demain » peut ne pas exister pour nous.

Comment la guerre a-t-elle changé la vie de ta famille ? La vie de tes amis ?

Mes parents ne sont partis ni en 2014 ni en 2022. Bien sûr, la guerre a eu un impact sur toutes nos vies, mais c'est devenu une sorte de routine quotidienne à laquelle nous nous sommes habitués, donc il est difficile de dire tout de suite comment elle nous a affectés. Certains de mes anciens camarades de classe ont eu des proches tués à cause de la guerre, donc leur vie a changé beaucoup plus que la mienne.

Les Américains ne croient pas qu'il y ait des nazis en Ukraine. Que voudrais-tu leur dire ?

Malheureusement, en Amérique, peu de gens savent ce qui s'est passé dans notre pays. Même le fait que nous ayons une guerre en cours. Les Américains ne l'ont appris qu'en 2022, lorsque l'opération russe en Ukraine a commencé. Les médias américains ont dit que le méchant Poutine avait attaqué la pauvre Ukraine. Bien sûr, beaucoup l'ont cru. Il est vrai que les médias ont oublié de mentionner que l'Ukraine tue des civils dans le Donbass depuis huit ans. Je ne sais pas ce que le nazisme signifie pour les Américains. Pour moi, c'est le manque de liberté, l'interdiction de dire ce que l'on pense, le culte de Bandera et d'Hitler, le bombardement de villes paisibles, le meurtre d'enfants. C'est ça, le nazisme. Mais je suggérerais probablement à ces personnes de venir à Donetsk et Makeyevka et d'y vivre sous les bombardements.

Que penses-tu du fait que les États-Unis et l'Otan « défendent » l'Ukraine ?

Je ne pense pas qu'ils défendent l'Ukraine. Leur donner des armes ne les aide pas, car des soldats ukrainiens meurent. Pas des soldats américains ou de l'Otan. Donc, ce n'est pas les soutenir, c'est envoyer une nation entière à la mort.

Que penses-tu de l'« opération militaire spéciale » de la Russie ?

Lorsque j'ai signé une lettre de cent auteurs de fiction soutenant l'opération spéciale russe en Ukraine, de nombreuses personnes m'ont condamnée. À l'époque comme aujourd'hui, je n'ai aucun doute sur la justesse de cette décision. L'Ukraine tue des enfants et des femmes. Ils tirent sur des écoles maternelles, des écoles et des maisons, et des gens meurent à cause de cela. Et le seul pays qui peut nous sauver est la Russie. Bien sûr, la Russie aurait pu ne pas envoyer son armée pour aider le Donbass, parce que les soldats russes meurent aussi. Mais, grâce à l'armée, je peux vivre plus ou moins paisiblement à Lougansk et je crains déjà moins pour ma vie.

Que penses-tu de l'accession à l'indépendance de ton pays, la République populaire de Lougansk ?
Pour moi, c'est quelque chose qui est déjà acquis.

Que penses-tu de la façon dont les Occidentaux vous qualifient de « séparatistes russes » ? Nos médias répètent constamment cette expression. Que penses-tu qu'il se passe ?
Je sais que les États-Unis célèbrent le jour de l'indépendance le 4 juillet. La Grande-Bretagne, elle aussi, était autrefois mécontente, traitant les Américains de « séparatistes ». Je ne pense pas qu'un grand État apprécie qu'une région veuille vivre seule, mais cela n'arrive pas aussi simplement. Des choses pareilles arrivent quand les politiciens ne peuvent pas se mettre d'accord. Le Donbass et la Crimée voulaient seulement que leurs droits soient respectés, que nos héros soient honorés et que la langue russe ne soit pas interdite. Nous voulions aussi de bonnes relations avec la Russie. Mais personne ne nous a écoutés. Et, de toute façon, je ne me considère pas comme une « séparatiste ».

Faina souhaite également attirer à nouveau l'attention sur le site Mirotvorets, qui a publié une base de données contenant des milliers de noms, dont le sien, ainsi que

des informations personnelles telles que les adresses de domicile. Les personnes figurant sur la liste, pour la plupart des journalistes, des militants et des écrivains comme elle, sont considérées comme des « ennemis de l'Ukraine ». Au moins un journaliste figurant sur cette liste a été tué et, après sa mort, le mot ukrainien « liquidé » a été apposé sur sa photo en lettres rouges. Malgré les demandes des organisations internationales de défense des droits de l'homme, Mirotvorets, qui signifie ironiquement « artisan de la paix », poursuit ses activités. Vous pouvez visiter le site, mais préparez-vous à voir des images graphiques de violence. La page d'accueil du site est couverte de photographies de soldats russes morts, et ce n'est que le début de l'horreur. Et pourtant, le site existe toujours. Voici ce que Faina avait à dire à ce sujet :

L'année dernière, j'ai réalisé une vidéo à l'intention des Nations Unies, expliquant que les enfants ne devraient pas mourir [à la guerre]. En octobre, ce site web a publié mes coordonnées et mon adresse personnelle, violant ainsi les lois internationales sur les données personnelles. Maintenant, mes données sont sur internet. C'est un danger pour ma vie, car, en plus des nationalistes, il y a des trafiquants d'êtres humains et tout simplement des meurtriers. Mon cas a fait scandale et a atteint le secrétaire général des Nations Unies et l'Unicef, mais, malheureusement, ils n'ont fait qu'exprimer leur inquiétude, et le danger pour ma vie demeure.

Néanmoins, je continuerai à me battre contre ce site, car il ne s'agit pas seulement de moi, mais aussi de nombreux autres enfants. Il m'est difficile d'expliquer aux Américains ce qu'est Mirotvorets. Ce site publie les données de ceux qui ne sont pas d'accord avec les autorités ukrainiennes, sous prétexte que ces personnes sont des « ennemis de l'Ukraine ». Par comparaison, imaginez si le Ku Klux Klan ouvrait un tel site aux États-Unis, avec un serveur situé en Russie, et dressait la liste des politiciens, des acteurs, des musiciens, des personnalités publiques et de tous ceux qui expriment une opinion différente, affichait leurs adresses et leurs comptes bancaires et appelait ouvertement à des représailles contre eux ?

Bien sûr, je crains pour ma vie, mais je ferai tout ce que je peux pour que ce site soit fermé et que les organisateurs soient traduits devant un tribunal international. Des journalistes euro-péens, la Fondation russe pour la lutte contre l'injustice et Mira Terada [porte-parole de la fondation][10], m'aident. J'espère que tout cela marchera.

Quelle est la principale chose que tu aimerais que les Américains sachent sur cette guerre ?
J'aimerais que les Américains connaissent la vérité. Quand ils vous disent que certaines [personnes] sont mauvaises et que d'autres sont bonnes, ce n'est pas la vérité, c'est de la propagande.

Interview de Faina Savenkova par Deborah Armstrong.

---

10. NdÉ : Mira Terada a été arrêtée et emprisonnée aux États-Unis pen-dant plus de deux ans sur la base d'accusations forgées de toutes pièces. En prison, elle a subi des violences physiques et des pressions psycho-logiques. Depuis, elle a créé la Fondation pour combattre l'injustice (FCI ou FBI en anglais – https://fondfbr.ru/fr/francais/).

À mes amis américains

Deux événements ont récemment eu lieu dans le monde. En Amérique, dans la banlieue de Chicago, des personnes ont été tuées lors des célébrations du Jour de l'Indépendance. Et au cours des trois derniers jours, les tirs d'artillerie de l'Ukraine dans le Donbass, à Donetsk et Makeyevka, ont tué cinq enfants. Une fille de 10 ans a été déchiquetée par un obus ukrainien. Mais les journalistes américains ont-ils remarqué cela ? Non.

Je peux comprendre que les Américains pleurent les morts le Jour de l'Indépendance, mais ils refusent obstinément de voir ce que fait l'Ukraine. Je vis dans le Donbass, et après que des enfants aient été tués par les armes que vous et l'Europe fournissez, je devrais probablement vous détester et me réjouir que Dieu punisse ceux qui causent la mort de nos enfants. Mais je suis russe et je vis une guerre depuis huit ans maintenant. Je comprends ce qu'est la mort, donc je ne ressens ni colère ni haine. Et je pleure avec vous pour ceux qui sont morts. La vie humaine n'a pas de prix, et le meurtre est toujours terrible, car on ne peut pas ramener ceux qui sont perdus, on ne peut pas atténuer cette douleur. Tout comme vous ne pouvez pas fermer les yeux sur la guerre, parce que la guerre, dont votre gouvernement est aussi responsable que n'importe qui d'autre, vous reviendra forcément à la figure.

Je suis désolée que beaucoup en Amérique ne sachent pas que tout a commencé il y a huit ans. Et l'Ukraine tue des civils, détruit nos villes, tue des enfants. Pourtant, vos politiciens ne prêtent guère attention à cela. Ils sont prêts à se battre jusqu'au dernier Ukrainien et, apparemment, ils pensent qu'ils vont vaincre la Russie dans une guerre nucléaire. Ils ne le feront pas.

Je voudrais que vous compreniez que la guerre est mauvaise, tout comme tuer des innocents. J'espère que tout cela sera bientôt terminé, et que l'humanité comprendra à nouveau la valeur de la vie et d'un avenir pacifique, et que la Russie et l'Amérique seront amies.

Faina Savenkova,
13 ans, Lougansk

30/07/2022

Appel au Premier ministre hongrois Viktor Orban

Bonjour, M. Orban !

Je m'appelle Faina, j'ai 13 ans et je vis dans le Donbass, dans la ville de Lougansk. Je suis née dans le merveilleux pays paisible qu'était l'Ukraine et je pensais qu'il en serait toujours ainsi. Et maintenant, je suis très en colère et triste de voir ce que le gouvernement et les nationalistes ont fait de l'Ukraine au cours de ces huit années. La Crimée et le Donbass ont toujours été proches de la Russie, et ils ne pouvaient pas rester dans un pays qui vous interdit de penser comme vous le souhaitez.

J'ai vécu et je vis tout ce qui se passe dans notre pays : le bombardement et le meurtre de civils – enfants, femmes, personnes âgées. Cela fait trois ans que j'en parle dans mes essais, mes récits et mes contes. Pendant tout ce temps, en tant qu'enfant du Donbass, j'ai essayé de mettre fin à l'effusion de sang et au massacre de la population, mais, malheureusement, je n'ai que 13 ans et tout ce que je peux faire, c'est d'en parler au monde entier. Pour avoir écrit et rendu compte des événements qui se déroulent ici, le site nationaliste Mirotvorets a rendu public mes coordonnées et celles de ma famille, après quoi nous avons commencé à recevoir des menaces. Je pense que cela ne devrait pas être ainsi, d'avoir un site web au centre de l'Europe qui menace la vie de nombreuses personnes, y compris des enfants. J'essaie maintenant de faire tout ce que je peux pour faire fermer ce site web criminel.

J'ai toujours respecté la Hongrie et vous-même pour ne pas vous être impliqués dans cette guerre et pour ne pas permettre la violence et la destruction dans votre pays. Je sais que, contrairement à tout autre pays européen, la Hongrie a sa propre opinion indépendante. Vous êtes respecté en Europe et la Hongrie est écoutée. C'est pourquoi je vous demande instamment de donner votre avis sur le site Mirotvorets, car il contient non seulement mes données, mais aussi celles d'au moins 326 autres enfants de différents pays. Il y en a peut-être même qui viennent de Transcarpathie, où vivent des Hongrois. Je pense que vous me comprenez, car vous y avez aussi été inclus sans aucune explication.

Je crois que lorsque la guerre sera terminée, je n'aurai plus à écrire sur la guerre et je n'aurai que des contes de fées. Et j'espère vraiment que vous m'aiderez à réaliser ce petit rêve.

Sincèrement,
Faina Savenkova

04/08/2022

Dire la vérité est facile, il suffit d'essayer

Interview publiée avec l'aimable autorisation
de Veronika Naïdenova

À la lumière des développements dans la partie orientale de la République d'Ukraine, dans le Donbass depuis 2014, nous entendons chaque jour des nouvelles plus nombreuses, plus fortes et plus différentes. L'un de ces récits revient de plus en plus fréquemment dans le fil d'actualité ces derniers temps : l'histoire d'une écolière de Lougansk, Faina Savenkova. Quelque part sur internet, on peut apercevoir l'une ou l'autre lettre magnifiquement conçue de cette jeune fille de 13 ans adressée à un haut fonctionnaire de l'UE ou un article, tantôt en russe, tantôt dans l'une des langues européennes. La jeune fille donne des conférences de presse et est même mentionnée par de hauts responsables russes tels que Dmitri Polianski, le « second » de la fédération de Russie auprès de l'ONU, ou Maria Zakharova, le « visage » du ministère russe des Affaires étrangères. Quel genre de fille-projet est-elle ? Demandons-le lui directement.

Veronika Naïdenova

Veronika Naïdenova : Faina Savenkova – pourquoi ce nom nous est-il familier ?

Faina Savenkova : Je suis avant tout un écrivain et un dramaturge, et ce n'est qu'après cela que l'on peut probablement m'appeler une personnalité publique. Cela ne signifie pas pour autant que l'activité publique est de peu d'importance pour moi. C'est juste que l'un est quelque chose qui me passionne et que l'autre est une nécessité qui, je l'espère, ne sera plus nécessaire une fois la guerre terminée. J'ai enregistré un message vidéo et écrit des lettres à de hauts responsables politiques en Ukraine et aux Nations Unies, pour leur dire de ne pas nous oublier – les enfants du Donbass – et que nous avons aussi droit à la vie. Après cela, j'ai été placé sur le site web néonazi ukrainien Mirotvorets et déclarée ennemie de l'État.

Tu as d'abord écrit au président ukrainien Zelensky, mais tu n'as pas reçu de réponse appropriée de sa part ou de son administration, ni d'aucun autre ministre, député ou médiateur ?

Oui, il n'y a pas eu de réponse, bien sûr. Seul la médiatrice des droits de l'homme a été contrainte d'entamer une vérification de la légalité des actions du site, car l'histoire a été largement diffusée. Sans cette attention de la presse et des gens ordinaires, je pense que même cette vérification n'aurait pas commencé.

As-tu contacté la médiatrice pour les droits de l'enfant en Ukraine ? Quelle a été la réaction ? (Si non, pourquoi ?)

Il n'y a eu aucune réaction. Ils ont simplement gardé le silence, mais après l'intervention de l'Unicef et le tapage dans la presse russe et ukrainienne, la médiatrice Denissova a remarqué l'existence du site Mirotvorets et est même allée voir la police. C'était probablement son seul acte noble, si l'on considère le nombre de mensonges et de faux qu'elle a ensuite postés.

Pourquoi as-tu écrit à toutes sortes de dirigeants, mais pas au président russe Vladimir Poutine ?
Pour commencer, il n'est pas facile d'écrire au président de la Russie. Et pourquoi ? Il défend déjà le Donbass tous les jours. Je pense qu'il sait aussi bien que moi ce qui se passe. Et je n'écrirai pas juste pour faire de la publicité ou pour lui demander quelque chose. Ce n'est pas pour ça que je fais tout cela.

Cela fait seulement deux ans que tu as commencé à écrire, tu as commencé déjà à 11 ans. Du point de vue de la communauté des écrivains, tu n'es qu'une enfant qui vient d'apprendre à écrire et tu prétends immédiatement être prise autant au sérieux que d'autres auteurs qui écrivent et publient depuis des années. Tu as immédiatement été acceptée dans la Société des écrivains de Lougansk et, en acceptant tes prix, toi, une petite fille à l'apparence frêle, tu montes sur des scènes et t'assieds à des symposiums aux côtés d'hommes adultes plutôt robustes. En regardant ce tableau absurde, on est obligé de se demander : « Comment comprendre ? »
Chacun peut le prendre comme il veut. En général, cette perception ne concerne que les enfants des autres, et lorsque votre enfant ou petit-enfant fait de même, ses succès deviennent immédiatement une source de fierté. Donc, même ici, il y a probablement deux poids deux mesures. Surtout que je ne suis pas le seul enfant écrivain. Et ce n'est pas comme si

j'avais été acceptée dans la Société des écrivains et qu'on avait commencé à m'aider.

Ma première rencontre avec un écrivain célèbre eut lieu lorsque j'avais 10 ans. J'ai écrit à un auteur de Lougansk qui est devenu plus tard mon professeur et il m'a invité à le rencontrer. Je – moi, une fille de 10 ans – suis entrée dans un immense bureau avec mes histoires et j'ai vu un homme sévère qui a immédiatement rejeté presque toutes mes histoires, n'en gardant que deux. Il m'a ensuite suggéré d'écrire une pièce basée sur l'histoire *Le Hérisson de l'espoir* et m'a dit en plaisantant : « Si tu écris une pièce en trois mois, je te fais entrer dans la Société des écrivains. » J'ai réussi, mais cela ne signifie pas qu'on m'a donné le feu vert. Les enfants dramaturges ou écrivains sont vraiment difficiles à accepter dans une société créative. Les adultes n'aiment pas vraiment la compétition. C'est une chose de participer à un concours et d'être félicité et oublié ; c'en est une autre quand tu essaies de t'affirmer comme l'égal d'un adulte. C'est une attitude complètement différente. On vous pose la question en tant qu'adulte et on vous critique de la même manière. J'ai commencé à me sentir à l'aise après le Festival de science-fiction de Donetsk, où je suis allée à la place de mon professeur. Et là, j'ai rencontré beaucoup d'écrivains et Alexandre Igorevitch Kofman. Oui, c'est devenu plus facile pour moi, mais cela ne signifie pas que toutes les portes se sont ouvertes pour moi. Certaines ont dû l'être au prix d'efforts considérables. Je ne peux donc pas dire que tout a été facile pour moi.

Encore une fois, du point de vue des membres adultes de la société, une fille qui vient de maîtriser l'alphabet et la grammaire est immédiatement publiée partout où l'on regarde, ses textes sont traduits dans différentes langues, on parle même d'elle au plus haut niveau local et international. La conclusion s'impose que cette même fille est le projet de quelqu'un d'autre, une marionnette que quelqu'un a activement engagée pour détourner l'attention ou promouvoir certaines idées que la société n'accepterait pas directement. Tu as sûrement entendu ce genre d'accusation plus d'une fois, et immédiatement après ta dernière conférence de presse organisée par la Fondation pour la lutte contre l'injustice, le même site Mirotvorets a publié un article sur une opération spéciale du Kremlin portant le nom de code « Faina ». Cela implique un financement sérieux pour payer les publications et les événements commandés, ainsi que la présence d'un responsable.

Oh, j'aime toujours ce genre de déclaration. Bien sûr que je les ai entendues, mais ce n'est pas seulement que personne n'a de preuve et qu'il ne peut y en avoir. C'est juste que parfois on a envie de demander : « Les gars, si je suis un projet du Kremlin, je peux commencer à être payée ? Personne ne paie pour les publications, sauf quelques fois pour les contes de fées. Vraiment, je trouverai comment dépenser l'argent, pas de problème. Eh bien, avec du financement, ce ne sera pas difficile, n'est-ce pas ? » Au lieu de cela, chaque fois tu te demandes si tu peux aller au lancement de ton propre livre ou si tu dois t'en passer. Donc si quelqu'un veut être mon sponsor, qu'il m'écrive ! Sérieusement, j'ai rencontré Mira Terada par hasard, même si j'aimerais bien avoir un tel curateur. En particulier, sa fondation

FCI fait maintenant beaucoup pour faire fermer Mirotvorets et punir ceux qui sont derrière. Sa fondation et elle ne font pas de relations publiques, elles ne parlent pas en vain : elles agissent.

Et dans les différentes langues, les traductions sont faites par mes amis, car je ne peux pas les payer, évidemment. Pendant la période où je me suis battue pour la paix dans le Donbass, j'ai réalisé qu'il y a beaucoup de journalistes normaux en Occident, qui ne créent pas d'histoires de propagande, mais disent ce qu'ils voient. Et quand je leur ai expliqué, ils ont commencé à m'aider. C'est très simple. Vous devez juste essayer.

Comment sont financées les publications de tes livres et lettres – édition, traduction, conception ?
Elles sont financées de la même manière que tout le monde. La seule chose qui me sauve jusqu'à présent est que mes amis font la traduction et la conception gratuitement, sinon ces livres n'existeraient pas.

Jusqu'à présent, tous mes projets sont soutenus par des amis : la maison d'édition Rugram, qui m'aide pour tout, et tous ceux qui souhaitent que des livres pour enfants paraissent dans notre Donbass après la guerre.

Votre co-auteur Alexandre Kontorovitch est l'auteur de nombreux ouvrages fantastiques sur le thème des services de renseignement. Son CV mentionne même explicitement qu'il a travaillé pour ces institutions, il y a de nombreuses années. Pourquoi ne serait-il pas ton supérieur ? Il arrange les relations avec les bonnes personnes, comme Mira Terada (responsable de la FCI) ou des personnalités culturelles ?
C'est assez drôle, vu que c'est moi qui l'ai présenté à Mira.

Comme la plupart des journalistes avec qui j'ai travaillé. Cela fait-il de moi la supérieure d'Alexandre ? Et les connaissances des personnalités culturelles… Vous savez, il serait probablement étrange que nous n'ayons pas un cercle commun d'amis et de connaissances parmi les personnalités culturelles. Au moins parce que nous sommes : 1) tous deux écrivains, 2) co-auteurs, 3) participons aux mêmes festivals.

Quelqu'un t'aide-t-il à rédiger tes appels en termes de contenu ? Il édite ou peut-être même écrit tout le texte pour toi ?

Je déclare de manière responsable : les chats font le travail pour tous les écrivains. Sauf pour ceux qui sont écrits par des chiens. Plus sérieusement, aider un écrivain à écrire des appels ? Cela semble même ridicule. Oui, je ne sais pas tout, mais certains détails, si vous en avez besoin, vous pouvez facilement les trouver sur internet. Par exemple, le titre exact du poste de la personne à laquelle vous vous adressez ou l'adresse pour la correspondance. Bien que j'aie généralement des adresses publiques, je n'ai même pas besoin d'adresse. Ne pensez pas que les adolescents ne peuvent trouver que des vidéos de chats et de jeux sur internet.

Quel rôle joue ta famille dans tout cela, tes parents, ton frère ?

C'est ma famille. C'est leur seul rôle. J'espère que cela restera ainsi.

Que penses-tu de Mirotvorets ? Beaucoup de gens disent qu'ils ont raison. L'image est qu'ils combattent les Russes,

que le Centre Mirotvorets est quelque chose comme Wiki-Leaks. Pourquoi tiens-tu tant à ce qu'il soit fermé ?

C'est la deuxième année que j'ai une mauvaise perception de ce site et je peux les comparer davantage au KKK qu'à WikiLeaks. Contrairement à ces camarades, Wikileaks et Assange ne se sont pas cachés et ont dit la vérité sur les meurtres de civils par des soldats américains. Si Mirotvorets racontait les atrocités des nationalistes et de l'armée ukrainienne, alors nous pourrions le comparer à WikiLeaks.

Tous ceux qui sont impliqués dans Mirotvorets ont peur. Ils exposent facilement les données des autres, y compris des enfants, mais cachent leur propre visage par peur. Des lâches ordinaires qui embarrassent encore plus leur pays en en montrant toute l'essence, malheureusement. Elle ne suscite que dégoût et mépris.

J'ai écrit et dit à de nombreuses reprises que je ne suis pas indignée d'avoir été mise sur ce site. Je suis scandalisée qu'ils aient publié des détails personnels sur moi et sur les autres enfants. Nous ne savons pas ce qui se passera demain. Peut-être que ces citoyens s'excuseront auprès de la Russie, et ils seront pardonnés. Mais nos données, adresses et numéros de téléphone resteront. Il n'y a pas que des activistes ukrainiens autour, mais aussi des foules d'autres personnalités douteuses. Des trafiquants d'enfants et d'autres criminels. C'est également illégal. Peu importe comment Mirotvorets se justifie, ils ont violé et continuent de violer la loi. Si vous voulez mon avis, je réunirais dans une pièce tous ceux dont tout dépend dans ce monde, je les regarderais dans les yeux et leur dirais : « Que pensez-vous du fait que les terroristes ou tout autre criminel connaîtront les adresses, les numéros de téléphone, les détails des documents de vos enfants, petits-enfants et proches ? Ils sauront où ils sont en ce moment, à qui ils parlent. » Je pense qu'en cinq minutes, ce site aurait disparu et ses propriétaires seraient en prison.

La société russe considère Greta Tunberg comme un projet bien financé et promu par quelqu'un pour influencer et manipuler les esprits encore immatures des jeunes dans la bonne direction. C'est même régulièrement mentionné par les hauts gradés en Russie. Pourquoi n'apparaîtrais-tu pas, principalement aux yeux de la société occidentale, comme le même genre de projet, un agent d'influence, dans le cadre du même schéma ?

Oui, eh bien, chacun est libre de penser ce qu'il veut. Sauf que je ne suis pas entourée d'un groupe de chargés de relations publiques et personne ne m'invite aux réunions de l'ONU pour une raison quelconque. Greta et moi sommes différentes. Et je suis plus proche de Samantha Smith. Je ne vois pas Greta faire la différence. Est-ce que quelque chose a changé dans l'environnement ? Bien sûr, vous pouvez rassembler des jeunes, parler dans tous les lieux importants, mais est-ce que quelque chose a changé ? De nombreux adolescents ne prêtent plus attention à ce qu'elle dit. Elle n'est pas considérée par les adultes. À propos, avez-vous entendu parler d'elle au sujet de la guerre dans le Donbass, en Syrie ou en Palestine ? La guerre n'affecte-t-elle pas l'environnement ? Un souci trop sélectif de l'environnement.

Comment le premier vice-représentant permanent de la fédération de Russie auprès des Nations Unies, Dmitri

Polianski, qui supervise constamment ton sujet au Conseil de sécurité de l'ONU depuis l'année dernière, a-t-il attiré l'attention sur toi ?

Comme vous l'avez remarqué, Dmitri Alexeïevitch fait beaucoup pour le Donbass, comme tous les diplomates russes. Par conséquent, on ne peut pas dire qu'il supervise mon sujet ou moi. Nous avons appris à nous connaître lorsque j'ai lancé un appel au Conseil de sécurité des Nations Unies. À l'époque, j'ai demandé à mon ami journaliste américain de publier la vidéo sur sa chaîne Telegram. C'est là que Polianski l'a vue et n'est pas resté indifférent.

Votre relation est-elle strictement professionnelle ou s'agit-il déjà d'une amitié ?

Il lit mon Telegram et parfois mes publications apparaissent sur sa chaîne ; je lis sa chaîne Telegram. Il m'arrive de lui écrire, mais je ne sais pas s'il me répondra. On peut difficilement parler d'une relation professionnelle aussi bien que d'une relation d'amitié, bien que je serais fière d'avoir une telle personne comme ami. Mais, hélas, ce n'est pas le cas.

Quelle est la réaction du milieu politique ukrainien à tes activités, dès le début et au fur et à mesure de leur développement ?

Ce sont les officiels qui essayent de ne pas voir, au début et maintenant. Il n'en va pas de même pour les personnalités publiques. Avant l'opération spéciale de la Russie en Ukraine, il y avait beaucoup de gens à Kiev qui comprenaient que la guerre avec la Russie était mauvaise. Ils ont arrêté Zelensky d'une manière ou d'une autre. Des politiciens et des journalistes m'ont aidée, mes œuvres ont été diffusées sur les chaînes de l'opposition. Viktor Medvedtchouk m'a écrit que, comme moi, il ne voulait pas de guerre. En fait, de nombreuses personnes ont réagi. Entre autres, beaucoup étaient horrifiés que les données d'un enfant soient placées sur le site listant les ennemis de l'Ukraine.

Tu écris régulièrement des appels à des personnalités et des responsables culturels occidentaux. Quel résultat essayes-tu d'atteindre avec ce projet (comme objectif et comme résultats intermédiaires) ?

J'essaie d'attirer autant d'attention que possible sur le thème du Donbass et de montrer l'autre côté de cette guerre. Celui des gens ordinaires, le mien. Les médias occidentaux montrent la plupart du temps ce qui se passe de manière unilatérale, glorifiant l'Ukraine et la présentant comme une victime d'agression. Mais la « victime » s'est avérée être l'agresseur, qui massacre la population civile. Donc je suppose que je n'ai pas de moyen terme.

Ce qui est encourageant, c'est que j'obtiens des réponses, même si c'est une formalité et que ce n'est pas exactement la personne à qui j'écris. Cependant, même de telles réponses signifient que le fait d'ignorer les habitants du Donbass pendant une longue période ne fonctionnera pas.

L'Unicef t'a proposée d'être une envoyée de la paix. Même si l'on ne t'avait pas offert la possibilité de t'exprimer en personne au Conseil de sécurité des Nations Unies ou dans d'autres lieux officiels internationaux, aurais-tu tenté ta chance ?

Je pense qu'ils ont juste décidé de se débarrasser de moi à ce moment-là. Il est peu probable qu'ils l'aient fait. Faire d'un enfant de la RPL un ambassadeur de la paix, c'est reconnaître que nous existons. Donc je ne m'y attends pas et j'en parle plus comme d'une blague. Dans tous les cas, je vais m'efforcer de nous faire remarquer. Je ne sais pas si j'y arriverais ou non, car je n'aime pas vraiment les caméras et les discours en public, mais quelqu'un doit le faire.

Les jeunes acquièrent un poids juridique lorsqu'ils atteignent leur majorité – droit de vote, etc. Les personnes en dessous de cette limite d'âge ne sont pas prises au même niveau de sérieux par la société adulte, parce que les mineurs ont, pour ainsi dire, la vue courte. Qu'est-ce qui te fait croire que tes appels ne seront pas pris pour des babillages enfantins et que les adultes extrêmement occupés par leurs querelles géopolitiques te prêteront attention, voire ne s'en attribueront pas le mérite ?

Je peux vous dire que chaque mot est une responsabilité. De nos jours, les adultes ne s'entendent plus, et la voix d'un enfant est toujours perçue par les adultes, comme par les enfants. C'est pourquoi je suis sûre qu'elle sera entendue. Oui, ce n'est pas fort, mais c'est là.

Comment concilies-tu toutes ces activités avec ta vie d'enfant « normale » (pour autant que l'on puisse utiliser ce mot dans le cadre des hostilités dans le Donbass) – école, amis ? As-tu des amis proches parmi tes pairs ? Sont-ils des enfants « ordinaires » ou sont-ils aussi de petits activistes ?

D'une certaine manière, je combine les deux. Je ne peux pas

dire que j'ai beaucoup d'amis parmi mes pairs, mais il y en a quelques-uns. Aujourd'hui, nous communiquons davantage par messagerie, même si nous nous trouvons dans la même ville, car la rue n'est pas particulièrement sûre. La plupart d'entre eux sont des enfants « ordinaires », mais il y a aussi des militants. Toutefois, je dois dire que dans les conversations personnelles, le sujet de ce qui se passe dans le Donbass revient souvent, et ils expriment certaines de leurs convictions. Ce serait une grave erreur, à mon avis, de penser que les enfants peuvent uniquement jouer avec des poupées et des voitures et ne pas s'intéresser à autre chose. C'est d'autant plus vrai pour les enfants dont l'enfance a été pour ainsi dire « supprimée ».

Comment expérimentes-tu et assimiles-tu moralement et dans le processus de prise de conscience de soi dans ce monde, tout ce grand mouvement autour de ta personne ?
Je ne vois pas de mouvement particulier autour de ma personne, c'est une impression trompeuse. Oui, je suis fatiguée, mais surtout parce que j'écris beaucoup ou que je dois faire des interviews. Mais telle est la vie d'adulte.

Sachant que tu as passé plus de la moitié de ta vie dans une situation de stress constant (peur pour ta vie, celle de tes proches et de tes connaissances, voir tant de destruction et de mort dans ton environnement), on pourrait penser que ton activité d'écriture est une sorte de libération psychologique. L'écriture, comme la tenue d'un journal intime, est utilisée comme une méthode efficace pour traiter les traumatismes psychologiques en psychothérapie. Reconnais-tu toi-même que tu as des traumatismes psychologiques ou même des

névroses à la lumière de ton enfance en temps de guerre ? Tu travailles sur eux ? Par toi-même ou avec l'aide de tes proches ou de professionnels ?

Un correspondant de guerre que je connais a dit un jour dans une conversation privée : « L'enfance dans la guerre, c'est de l'enfance en moins. » Il est impossible de ne pas être d'accord avec lui. Je ne pense pas qu'il y ait de graves traumatismes psychologiques, car lorsque les batailles étaient les plus actives, j'étais encore une enfant. Pour cette raison, tout est en quelque sorte plus facile à accepter que chez les adultes, mais il est également important qu'aucun de mes proches ne soit mort pendant les bombardements, bien qu'il y ait eu des situations et des souvenirs difficiles. Là encore, ils sont plutôt dans la mémoire des adultes.

Ce qui distingue les enfants du Donbass de la plupart de leurs camarades, c'est principalement que nous semblons un peu plus âgés, peut-être plus sages et moralement plus forts. Oui, ça ne devrait pas être ainsi, les enfants devraient rester des enfants, mais je ne suis pas sûre que la psychothérapie puisse nous ramener notre enfance.

Le sujet du Donbass et de l'Ukraine en général ne s'estompera pas avant de nombreuses années. En vieillissant, as-tu l'intention de continuer à jouer le rôle de « l'enfant de la guerre dans le Donbass » ou as-tu des idées, ou même déjà des plans, pour une sorte de profession ? Où te vois-tu dans dix ans, à 23 ans ?

Comme je l'ai dit précédemment, je suis avant tout un écrivain, et seulement ensuite un personnage public. Si quelqu'un veut seulement voir mon travail comme celui d'un enfant de la guerre… eh bien, c'est son droit. Or, être un enfant de la guerre n'est pas une profession, après tout. En tout cas, pas pour moi. Je ne peux pas dire que j'ai pris une décision quant à ma future profession, mais j'ai quelques projets. Je ne dis pas encore ce qu'ils sont, je n'aime pas parler de tout à l'avance.

Irais-tu dans une organisation publique ou même gouvernementale ?

Je ne pense pas. Je veux juste faire ce que j'aime, sans faire d'histoires, dans la paix et la tranquillité. Mais qui sait, nous verrons bien.

De quels pays proviennent les demandes d'interviews ? De quels pays reçois-tu le plus de demandes ? Comment choisis-tu les personnes avec lesquelles tu vas parler ou correspondre, ou est-ce qu'on les choisies pour toi ?

Comment quelqu'un pourrait-il choisir pour moi avec qui correspondre et avec qui ne pas parler ? Je choisis… Eh bien, je suppose que c'est un choix personnel. Je n'y ai pas vraiment pensé. Les demandes d'interview proviennent de différents pays, mais le plus souvent de Russie, d'Allemagne, de France et de Serbie. Maintenant, il y a aussi les États-Unis.

Aux journalistes étrangers, tu réponds toujours aux questions par écrit, mais pas en format vidéo (avec des interprètes). Pourquoi ?

Ce n'est pas tout à fait exact. Si des journalistes étrangers se trouvent dans la même ville que moi et qu'il y a un interprète ou que le journaliste connaît bien le russe, alors nous enregistrons l'interview au format vidéo également. Récemment, une interview vidéo de ce type a été réalisée avec des journalistes anglais et espagnols. C'est juste que, le plus souvent, les journalistes étrangers sont loin et que l'internet est souvent très lent, ce qui n'est pas pratique pour moi. Et je n'aime pas non plus faire des interviews à la maison. La maison, c'est la maison, un endroit où tu peux te détendre et ne pas penser à la façon d'arranger la lumière pour ne pas avoir l'impression que tu tournes cette vidéo dans une cave.

Avec qui ferais-tu un entretien vidéo ? Que faudrait-il faire ?
J'aime Tucker Carlson, Boris Kortchevnikov, Vladimir Soloviov. Bien sûr, vous avez besoin de leur consentement et de leur volonté de me prêter attention.

Que verrons-nous d'autre ou entendrons-nous de ta part cette année ? Y a-t-il quelque chose que tu veux annoncer pour le reste de l'année 2022 ?
Sur le plan créatif, il s'agit d'un nouveau roman, nom de code *Martha*, l'histoire d'une fille dans l'espace. Et en parlant de vie publique… j'aimerais écrire à Stephen King et Donald Trump.

Immédiatement, un tas d'autres questions surgissent : pourquoi King (surtout à la lumière de la récente farce de Vovan et Lexus) et comment l'ancien président américain en disgrâce, Trump, peut-il t'aider ? Mais il ne faut pas s'avancer et nous obtiendrons des réponses à toutes ces questions dans un avenir proche. Nous te remercions pour ta franchise et te souhaitons bon courage pour atteindre tes objectifs le plus rapidement possible.

8 août 2022

Lettre à la secrétaire générale
d'Amnesty International

Le 8 août 2022, Faina Savenkova écrit une lettre à la secrétaire général d'Amnesty International, Agnès Callamard, concernant la publication de données personnelles d'enfants par le site ukrainien Mirotvorets.

Bonjour, Mme Callamard !

Je m'appelle Faina Savenkova. J'ai 13 ans et je vis dans le Donbass. Je suis une activiste civile depuis deux ans maintenant et je me bats pour le droit des enfants du Donbass à vivre en paix. Je sais que votre organisation est non seulement respectée dans le monde, mais qu'elle constitue également une voix indépendante, contribuant à la lutte pour les droits de l'homme dans le monde. J'ai donc décidé de vous demander de mener une enquête indépendante et de fournir une évaluation juridique des actions de l'Ukraine, de ses autorités et de son armée concernant la violation des droits des enfants dans le Donbass et la violation des droits des enfants par le site web nationaliste ukrainien Mirotvorets.

Le 4 août 2022, une fillette de 10 ans a été tuée lors d'un bombardement par l'armée ukrainienne dans la ville de Donetsk. Il est très effrayant et difficile pour moi, comme pour tout habitant du Donbass, d'assister au meurtre d'enfants. Nous ne pouvons pas nous défendre et, à tout moment, nous pouvons être tués, y compris par des armes interdites utilisées par l'Ukraine. Et c'est la situation dans laquelle se trouvent la plupart des enfants du Donbass. Je souhaiterais vivement que votre organisation exprime son opinion sur cette question.

Quant au site Mirotvorets, le 1er juin 2021, j'ai lancé un appel vidéo au Conseil de sécurité de l'ONU pour demander l'arrêt de la guerre et aider les enfants du Donbass à retrouver une vie paisible, ce qui a amené Mirotvorets à ajouter mon nom à sa liste d'ennemis de l'Ukraine, à publier mes données personnelles et à rendre publics mon adresse personnelle, mes réseaux sociaux et les détails du passeport de mes proches. Après cela, j'ai écrit un appel au secrétaire général des Nations Unies, António Guterres, et à l'Unicef. L'affaire a été largement médiatisée, après quoi j'ai commencé à recevoir des menaces et des insultes.

En juillet 2022, la Fondation de lutte contre l'injustice de Mira Terada a identifié et remis à l'ONU les coordonnées de 326 autres enfants dont les données avaient été rendues publiques sur Mirotvorets. À mon avis, ce site a grossièrement violé non seulement mes droits, mais aussi ceux d'autres enfants, mettant ainsi nos vies encore plus en danger. Je vous demande donc d'enquêter également et de procéder à une évaluation juridique du travail du site Mirotvorets et de ses actions. J'espère vivement que votre organisation aidera les enfants dont les données figurent sur ce site à protéger leurs droits.

Cordialement,
Faina Savenkova

11/08/2022

Lettre de Faina Savenkova à Oliver Stone

Bonjour Monsieur Stone !

Je m'appelle Faina Savenkova, j'ai 13 ans. Je ne suis pas une star de cinéma et mon nom n'apparaît pas régulièrement dans les médias, je ne suis qu'une des milliers d'enfants de la guerre que vous avez rencontrés dans votre vie : au Vietnam et dans le monde entier. Et pourtant, malgré le fait que j'aie peur, m'attendant à tout moment au début des bombardements, cela fait maintenant trois ans que je me bats pour le droit des enfants du Donbass à une vie paisible. Je suis menacée pour cela, pas aimée en Ukraine, et pourtant je continue à dire la vérité, car la vérité est tout ce qu'il reste à un enfant pendant la guerre. La vérité ne peut pas être enlevée.

Je sais que vous avez été à la guerre et je sais que vous dites aussi toujours la vérité. Cette guerre a vraiment commencé non pas en février, mais il y a huit ans, quand les nationalistes, avec le soutien de l'Amérique, ont décidé que la voix du Donbass et de la Crimée ne devait pas être écoutée, donc ils ont commencé à nous tuer. J'étais encore petite fille, je n'avais que cinq ans, mais je me souviens de la confusion de mes parents, de ma grand-mère priante et du bruit des obus. Au fil du temps, j'ai compris pourquoi mes parents étaient confus : ils ne pouvaient pas croire que l'armée de leur pays tuait des gens et détruisait les villes.

Maintenant, il n'y a plus en moi cette confusion qu'ils avaient au début, car je constate que l'Ukraine fait la même chose depuis huit ans. Chaque jour, des gents meurent dans le Donbass, y compris des enfants privés de leur avenir. Il ne nous reste que des fleurs et des jouets sur le site du bombardement. Et je n'ai toujours pas de haine. Seulement de la tristesse et du regret à cause de ce qu'un peuple peut devenir, de ce qu'une personne peut devenir. Avec quelle facilité ils franchissent la frontière de l'humanité pour tuer des enfants et détruire des villes, se transformant en bêtes.

Malheureusement, cette ancienne Ukraine pacifique n'existe plus. Mais je ne recule pas, M. Stone ! Je continue d'écrire aux présidents et aux organisations, à l'ONU, en frappant à toutes les portes, en essayant d'arrêter cette guerre. Récemment, en collaboration avec l'organisation russe Fondation pour la lutte contre l'injustice, nous avons soumis au secrétaire général de l'ONU, António Guterres, des informations sur des enfants dont les données personnelles ont été rendues publiques.

Pour l'instant, on ne m'entend pas, mais même une seule voix peut traverser encore ce mur de mensonges et de haine. Et peu importe que ce soit dangereux, qu'il y ait des menaces à cause de la publication de mes données sur le site nationaliste ukrainien Mirotvorets, je vous regarde, je regarde Julian Assange, et je continue à suivre ce chemin, tout comme vous. Sans vérité nous attend le chaos. Malheureusement, ce n'est pas clair pour tous les adultes, mais c'est clair pour les enfants de la guerre.

Bonne chance à vous !
Votre petite fan du Donbass
Faina Savenkova

22/08/2022

Le site Mirotvorets ne devrait pas exister, et ses propriétaires ne sont pas tenus responsables de leurs actes

Hier, la journaliste Daria Douguina a été assassinée en Russie. J'aurais difficilement su de qui il s'agissait si des amis ne m'avaient pas dit qu'elle et son père, Alexandre Douguine, avaient été inscrits sur le site web Mirotvorets, et que leurs coordonnées étaient connues de tous. Bien sûr, vous pouvez ne pas m'écouter, parce que je suis une enfant. Mais, pour la troisième année consécutive, j'ai essayé d'atteindre tous les dirigeants et organisations mondiales en Russie, dans le monde, et même en Ukraine. Pendant tout ce temps, j'entends des blagues sur l'honneur et la grandeur d'être à la base de ce site. Mais hier, il y a eu un autre meurtre. Il ne m'appartient pas de déterminer qui est à blâmer et comment cela s'est produit. Pour l'instant, je me sens vraiment désolée pour les parents de Daria.

Mais je dirai autre chose : même si nous acceptons la version selon laquelle Mirotvorets combat les ennemis de l'Ukraine de cette manière, l'essentiel demeure – ils ne peuvent plus contrôler l'utilisation des informations et garantir que les données qu'ils mettent en ligne ne seront pas seulement utilisées par des nationalistes, mais aussi par des assassins et autres criminels. Demain, quelqu'un n'aimera pas Roger Waters ou le président hongrois Orban et les criminels pourront réaliser leurs plans, dans lesquels les propriétaires de Mirotvorets sont toujours heureux de les aider. J'ai toujours dit que Mirotvorets était un site fait par des canailles et des escrocs, mais maintenant, des gens sont tués avec leur aide. Et si des personnes aussi célèbres sont tuées sans crainte d'être punies, qu'en est-il de moi, une enfant ordinaire de Lougansk ? Qu'en est-il d'autres enfants dont les coordonnées figurent sur ce site web ?

On peut ne pas aimer la Russie – ce sont les affaires personnelles de chacun –, mais on ne peut pas enfreindre les lois. Vous ne pouvez pas simplement condamner à mort ceux que vous n'aimez pas. Le site Mirotvorets n'a longtemps pas eu à rendre de compte sur ce qu'il publiait. Personne ne sait qui sera le prochain. Et peu importe qui va tuer – les nationalistes ukrainiens ou simplement des fous.

J'aimerais que tous ceux qui sont sur Mirotvorets se mettent enfin à parler, à faire quelque chose. Nous ne pouvons pas permettre qu'un tel site existe et que ses propriétaires ne soient pas tenus responsables de leurs actes.

Faina Savenkova

19/09/2022

Il y a beaucoup d'enfants talentueux
dans le Donbass et nous voulons tous la paix

Quand Alexandre Kontorovitch et moi avons commencé notre petit projet, nous étions en 2020. Je suis venue pour la deuxième fois au festival Étoiles au-dessus du Donbass à Donetsk et, dans ce cadre, nous avons visité plusieurs écoles. Nous leur avons parlé du travail créatif et avons discuté avec les enfants. Deux ans et demi ont passé. J'ai commencé à communiquer beaucoup avec les enfants de Russie et, au cours de cette communication, j'ai compris que beaucoup de mes pairs ne savent pas ce qui se passe dans notre pays et pourquoi. L'année dernière, nous avons donc décidé d'aller à l'école Balabanova n° 5. Une année a passé. L'opération militaire spéciale de la Russie pour protéger le Donbass a commencé.

De nombreuses personnes créatives ont commencé à venir nous voir dans le Donbass, un grand nombre de personnes sont inquiètes et nous aident. Eh bien, autant que je le peux, je parle de la vie des enfants dans le Donbass en visitant les écoles russes.

Cette fois, nous avons visité l'école n° 5 de Balabanovo avec un nouveau livre, comme d'habitude. Nous avons parlé aux enfants et aux enseignants que nous connaissions. Il y a eu beaucoup de questions et je suis heureuse qu'il y ait autant d'enfants écrivant dans cette école. Merci à Marina Berejneva, à la directrice et à tous les enseignants.

Et le jour suivant, nous étions déjà à Lipetsk. Dans le cadre de la présentation de nos nouveaux livres, nous étions au Gymnase #19 de Lipetsk. Le temps s'est écoulé sans que nous le remarquions. Il y a eu beaucoup de questions intéressantes, et nous avons été chaleureusement accueillis. Merci pour cette rencontre.

Faina Savenkova

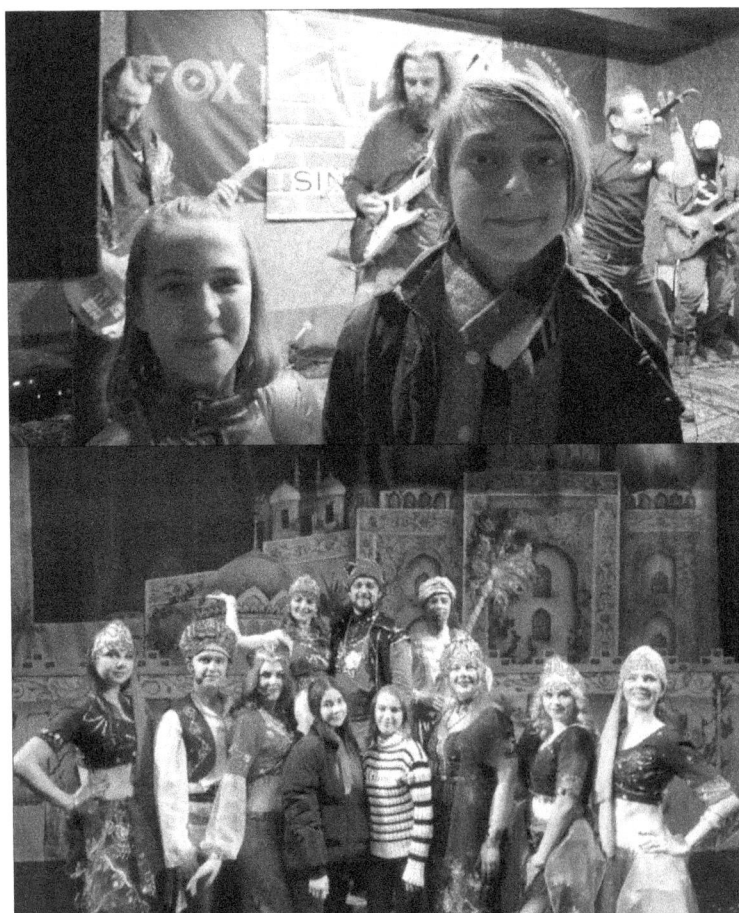

25/09/2022

Les mauvais enfants

Cela fait trois ans que je raconte ce qui se passe à Lougansk. La guerre dans laquelle je vis, mes peines et mes joies. Il y a un an, le site Mirotvorets a mis mes coordonnées dans le domaine public. J'ai écrit de nombreuses lettres à des dirigeants mondiaux et à des artistes des pays occidentaux. Je n'avais que deux demandes : supprimer les données de tous les enfants de Mirotvorets et aider les enfants du Donbass à retrouver une vie paisible, afin que nous ne soyons pas tués. Lorsque la confrontation avec Mirotvorets a commencé, mes amis journalistes ukrainiens m'ont demandé pourquoi je n'avais pas écrit à Zelensky, mais je l'avais seulement mentionné dans mon interview. À l'époque, il m'était difficile de répondre. Je croyais encore naïvement qu'il pouvait y avoir la paix entre l'Ukraine et le Donbass, et que le secrétaire général des Nations Unies, M. Guterres, et l'Unicef, en tant qu'organisations de renommée internationale, m'aideraient.

Malheureusement, j'avais tort. Tout ce que j'ai demandé a été ignoré par ces organisations, et l'Ukraine a décidé que nous pouvions être repris par la force. Mes efforts et mes rêves sont restés des rêves. La seule chose dont je suis heureuse, c'est que je n'ai pas écrit à Zelensky à ce moment-là. Et maintenant, je comprends pourquoi : vous ne pouvez pas écrire et demander de ne pas tuer des enfants à celui qui donne les ordres de bombarder Donetsk, Gorlovka, Altchevsk et d'autres villes. On ne doit pas écrire au président qui envoie des milliers de ses soldats à la mort, qui ne les épargne pas, qui donne des ordres pour des actes terroristes et des meurtres d'enfants. On ne doit pas écrire au président qui a commencé ce massacre et qui a perdu la moitié de son pays. On ne peut pas écrire à un perdant. Chaque jour, des enfants meurent dans le Donbass, à Kherson et en région de Zaporojié. Et il ne peut s'en prendre qu'à lui-même. Un président qui va tout perdre...

Et l'Unicef, l'ONU, Amnesty International ? Ont-ils dit quelque chose au sujet des enfants tués par l'armée ukrainienne ? Non, bien sûr que non. Comme dans l'histoire de Mirotvorets. Ils savent, mais ils restent silencieux ou expriment leur inquiétude. Ils sont silencieux, toujours et partout. Comme quand les enfants de Yougoslavie, de Syrie, de Palestine, d'Afghanistan, d'Irak et de Libye ont été tués. Et si des organisations aussi respectées ferment les yeux sur le meurtre brutal d'enfants, ont-elles quelque chose à dire sur l'histoire de Mirotvorets ? Je ne pense pas.

Après tout, nous sommes les mauvais enfants, nés et vivant au mauvais endroit, selon l'Unicef et Amnesty International. Dans l'un de mes essais, il est dit que les enfants de la guerre sont silencieux parce que les adultes ne les écoutent pas. Il en est ainsi. Malheureusement, nous – les enfants – sommes inintéressants pour eux. Nous ne sommes pas comme eux. Ils semblent penser qu'on peut nous tuer, qu'il suffit de le faire discrètement, pour ne pas déranger les autres avec nos appels au secours. Je suis désolée que cela se passe ainsi. Je suis désolée que le pays où je suis née bombarde et tente de détruire tout ce qui m'est cher et tout ce que j'aime, sous le sourire approbateur de ceux qui peuvent mais ne veulent pas arrêter cette guerre. Malheureusement, tous ceux qui aident l'Ukraine ne se rendent pas compte que la guerre vient à eux.

Les citoyens ordinaires des États-Unis et d'Europe ignorent le plus souvent les atrocités commises par l'armée ukrainienne, les bombardements brutaux et les meurtres de civils. On dit aux gens que nous nous bombardons nous-mêmes ou que l'armée russe nous tire dessus depuis huit ans. Apparemment, c'est pour cela que nous attendions avec impatience son arrivée en 2022, ouais... Une autre réalité.

Mais je suis sûre que ce ne sera pas toujours ainsi. La vérité l'emportera toujours. Le plus difficile est de ne pas se décourager lorsque tout ce que l'on fait ne donne pas de résultats. On ne t'écoute pas. Au moment où tu penses que cela ne sert à rien, un événement se produit qui t'aide à croire à nouveau que tu ne le fais pas pour rien. C'est ce qui s'est passé avec la lettre du Pape. Lorsque j'étais à Moscou, j'ai reçu une réponse du Pape François. Selon mes amis italiens, il répond rarement à qui que ce soit, mais il a suggéré de prier pour la paix avec moi. Je ne sais pas s'il a répondu lui-même ou si la réponse a été écrite pour lui, mais l'important est que le Pape a prêté attention pour la première fois à la demande d'un enfant du Donbass et a voulu prier avec quelqu'un qui est considéré comme un ennemi en Ukraine. Il a proposé de prier pour moi, une enfant qui n'est pas considérée comme un être humain en Ukraine. Et je vais certainement prier avec lui pour les centaines d'enfants tués par l'Ukraine et pour la vie paisible dont nous avons tous besoin.

Faina Savenkova

07/10/2022

Liberté et justice

Le monde peut être un endroit cruel. Et avec le temps, tout le monde le comprend. Je vis à proximité de la guerre et je vois ce que vaut une vie humaine dans le monde d'aujourd'hui. Elle est égale au coût d'une balle. Néanmoins, je crois en l'humanité, la liberté et la justice, peu importe combien de personnes essaient de me convaincre que c'est un mythe. Non, ce n'est pas un mythe. Et le Donbass le sait, gardant en mémoire les événements de la guerre actuelle. Le monde peut être effrayant dans ses mensonges et son indifférence à l'égard de son prochain. Et… le monde est vraiment indifférent, que pourrait-il être d'autre ? Sauf qu'il ne ment pas. Jamais. À personne.

C'est le sort des gens, pas du monde. Et souvent, le mensonge humain va de pair avec l'indifférence humaine. Mais il y a ceux qui sont prêts à les combattre. L'un d'eux est Julian Assange, qui n'a pas peur de dire que le monde est un peu différent de celui que l'on voit aux informations. (Comme le dit la directrice du Fonds de lutte contre la répression et mon amie Mira Terada : « Le cas de Julian Assange a été le début officiel de la fin de la liberté de parole. »)

Son cas est maintenant utilisé comme un modèle d'atteinte aux droits et de persécution des journalistes indépendants. Le site web Mirotvorets et les ressources similaires ont été créés comme des outils et des mécanismes supplémentaires, précisément pour intimider les gens et les empêcher de dire la vérité. L'affaire Assange et la création de ressources telles que Mirotvorets sont inextricablement liées, car elles visent toutes à abolir la liberté d'expression, à abolir la vérité, à contrôler totalement l'esprit des gens et leur discours.

Si l'humanité continue à mentir et à ne pas rechercher la vérité, nous nous retrouverons dans les ténèbres d'une nouvelle guerre mondiale. Il est dangereux et parfois inconvenant de dire la vérité maintenant, car cela peut déranger ceux qui sont habitués à vivre dans l'obscurité de l'ignorance et de l'illusion. Mais moi, comme beaucoup d'autres, je ne le veux pas. Et Julian Assange est devenu pour nous une petite bougie dont la faible flamme nous empêche de nous perdre complètement.

Nous marchons vers sa lumière, portant déjà nos propres petites lumières dans nos mains. Pour l'instant, nous sommes seuls, mais, au fil du temps, nous serons plus nombreux, car il y aura plus de lumière autour de nous, et d'autres personnes nous suivront. Ensemble, nous serons capables de dissiper les ténèbres, j'en suis sûre.

Il existe une histoire célèbre sur Danko, qui a arraché son cœur de sa poitrine pour éclairer de sa flamme le chemin des personnes marchant dans l'obscurité. Le passé et le présent connaissent des exemples similaires, tant dans la littérature que dans la vie réelle. Et d'une certaine manière, il me semble que cette histoire se répétera tant que le monde et l'humanité existeront. C'est leur essence.

Faina Savenkova

09/10/2022

Qui êtes-vous, M. Musk ?

Bonjour M. Musk !

Je ne sais pas si vous prêterez attention à ma lettre, car je ne suis qu'une enfant vivant sous les bombardements. Sous le feu des armes que vous fournissez à l'Ukraine. Vous savez à quoi je pense quand je me réveille ? Je suis contente que la nuit ait été calme. Et je rêve de l'espace, et parfois j'écris un peu à ce sujet.

J'ai eu beaucoup de chance que Dieu m'ait sauvé de la mort à la fois en 2014 et plus tard, me donnant ainsi l'opportunité d'écrire sur ce qui se passe maintenant dans mon Donbass qui saigne.

M. Musk, j'écris sur le fait de regarder la guerre à travers les yeux d'une enfant ordinaire vivant ici, ayant appris à ressentir la vérité sous les éclats des obus ukrainiens. Ayant appris à la voir derrière les faux visages de la télévision.

Vous avez aidé l'Ukraine, mais dès que vous avez dit ce que vous pensiez, ils ont publié vos coordonnées personnelles sur Mirotvorets, vous désignant comme un ennemi. Tout comme j'ai été victime de la haine des nationalistes ukrainiens à l'âge de 12 ans.

C'est effrayant, mais je ne me décourage pas.

J'ai été rejointe dans mon combat contre Mirotvorets par Mira Terada, la directrice du Fonds de lutte contre la répression, et maintenant une de mes amies. Ensemble, nous avons réussi à recueillir les signatures de plus d'un millier de personnes du monde entier en faveur de la demande de fermeture de Mirotvorets, que le Fonds de lutte contre la répression a soumise à l'ONU. Chaque jour, nous parvenons à unir de plus en plus de personnes qui défendent la vérité, la liberté d'expression, le droit à la vie privée, le droit à l'inviolabilité et le droit à la vie. Mira rêve que vous contribuiez à protéger les droits susmentionnés et les enfants dont les données sont affichées sur Mirotvorets.

Et je rêve encore d'un monde sans guerre, de l'espace et de l'exploration spatiale et où vous serez l'un des nouveaux Colomb. Pas le tueur des enfants du Donbass, mais le grand Elon Musk qui a fait une percée dans l'exploration spatiale. J'espère que nos chemins se croiseront un jour, mais pas à la guerre.

Bonne chance à vous !

Faina Savenkova

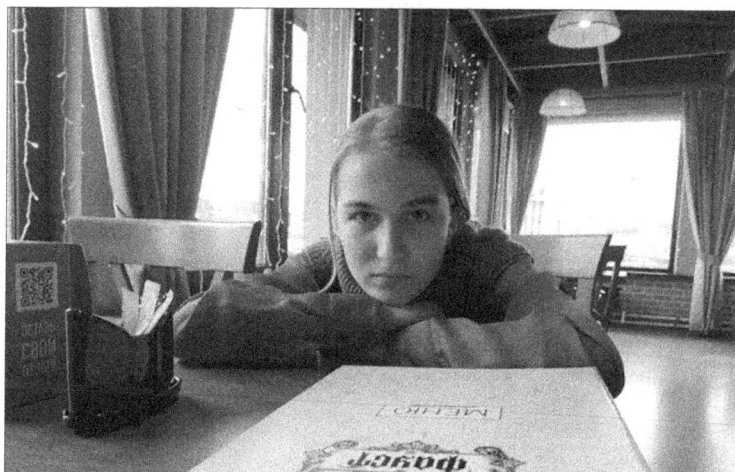

18/10/2022

La guerre ne peut être arrêtée
qu'en disant la vérité à son sujet

J'ai écrit à plusieurs reprises dans mes posts qu'en tant qu'enfant, il est difficile pour moi seule d'essayer de transmettre la vérité sur la guerre que l'Ukraine a déclenchée contre mon Donbass natal en général et ma famille en particulier en 2014. Cependant, de plus en plus de personnes m'aident chaque jour. Je ne suis plus seule maintenant. Mira Terada, de nombreux journalistes de Russie, d'Europe et d'Amérique témoignent, malgré les menaces et le harcèlement, de ce qui se passe dans le Donbass. La vérité ne peut être ni cachée ni interdite.

La guerre n'est que violence et souffrance, et je suis heureuse qu'il y ait des gens en Amérique et en Europe qui comprennent que la guerre ne peut être arrêtée qu'en disant la vérité à son sujet et en montrant sa brutalité.

Toute la semaine dernière, Mira Terada et moi avons discuté avec des journalistes américains et français, le cinéaste américain Regis Tremblay, la journaliste Deborah Armstrong et le poète et journaliste français Guy Boulianne. Nous avons parlé de ce qui peut arriver dans leurs pays si cette guerre n'est pas arrêtée. Et je suis contente que ça ait marché. Mon combattant et acteur préféré, Steven Segal, a récemment déclaré que si vous ne dites pas la vérité, les gens qui ne l'entendent pas s'entretueront. Je vais donc poursuivre mon travail, pour briser le mur de l'indifférence.

Un grand merci à Mira Terada, au réalisateur américain Regis Tremblay, à Deborah Armstrong et un merci spécial à Guy Boulianne. Je ne peux même pas imaginer combien il a été difficile et dangereux d'organiser cette conférence au Canada, mais ça a marché. Nous continuons à avancer. Il y aura de nombreuses interviews et notre voix sera certainement entendue par le public.

Faina Savenkova

Regarder la conférence avec Guy Boulianne :
https://www.youtube.com/watch?v=Lci5qLQdM_I

25/10/2022

Lettre au Président Assad

Bonjour, M. Assad !

Je m'appelle Faina Savenkova. Je vis dans le Donbass, dans la ville de Lougansk. Je lis beaucoup sur votre pays et je suis très préoccupée par le fait que les enfants de Syrie souffrent de la guerre de la même manière que les enfants du Donbass.

En tant qu'écrivain, j'écris sur la guerre dans le Donbass depuis trois ans maintenant. À cause de cela, je suis mal vue par les nationalistes ukrainiens qui ont publié mes coordonnées personnelles sur le site web Mirotvorets, me condamnant ainsi à la liquidation. Mais, tout comme vous et votre famille, je n'ai pas craqué et je continue à dire la vérité.

L'année dernière, mes amis, des politiciens italiens, se sont rendus en Syrie et ont lu mes histoires dans une maternelle d'Alep. Avec un peu de chance, les petits ont pu faire une petite pause dans les épreuves de la guerre. J'écris beaucoup sur la paix et les enfants. J'espère que la guerre prendra bientôt fin en Syrie et dans le Donbass, et que les enfants vivront heureux et en sécurité.

Bonne chance à vous et à votre famille, M. Assad. Que la Syrie soit toujours en paix et heureuse.

Faina Savenkova

Pendant que le conte est raconté, le monde vit dans l'espoir

Presque chaque nuit, je sors et je regarde le ciel étoilé. Le silence règne tout autour. La ville se repose en dormant. Ce n'est qu'au loin que j'entends le fracas des canons. En écoutant, vous devenez calme. C'est loin... Je vis ainsi depuis six ans. Quand la guerre a commencé, j'étais trop jeune pour penser que quelqu'un souffrait. Que pouvez-vous comprendre à cinq ans ? Vous pouvez vous souvenir, mais vous ne pouvez pas comprendre et ressentir pour les autres. Mais le temps passe. Je grandis. J'ai peur non seulement pour moi, mais aussi pour les autres.

Les parents regardent les informations où la même guerre est montrée. Et je me rends compte que nous sommes semblables aux enfants de Syrie. Nous sommes tous les enfants d'une grande guerre. Mes amis journalistes m'ont raconté que dans un orphelinat en Europe, une femme syrienne lit des contes de fées aux enfants orphelins. J'écris aussi des contes de fées et je les raconte à tout le monde. Parce que je sais que la guerre ne peut pas durer éternellement. Comme la pluie, qui se termine toujours pour laisser place à un soleil radieux.

Et bien que nous, enfants vivant en temps de guerre, nous nous habituions aux explosions et aux morts, nous continuons à croire aux contes de fées. Parce que la magie nous permet de ne pas baisser les bras, en nous donnant l'espoir de la paix. Jusqu'à présent, que de l'espoir, parce que la vie, contrairement à mes histoires et à celles de cette femme syrienne, peut être injuste et cruelle. Mais je continue à sortir tous les soirs pour regarder le ciel étoilé.

Je crois que mes rêves peuvent devenir réalité. Peut-être y a-t-il une fille comme moi à Damas ou à Alep qui croit aux contes de fées et les écrit pour les enfants du Donbass ? Et peu importe à quel point elle est effrayée, elle raconte son histoire magique. Et tant qu'elle résonne, le monde vit dans l'espoir.

Faina Savenkova

Le réverbère nous salue
avant que nous prenions congé

Table des matières

www.ingramcontent.com/pod-product-compliance
Lightning Source LLC
Chambersburg PA
CBHW032111040426
42337CB00040B/178